职业学校新生入学手册

主 编 刘金桥 陆 伟

苏州大学出版社

图书在版编目（CIP）数据

职业学校新生入学手册 / 刘金桥, 陆伟主编. -- 苏州：苏州大学出版社, 2023.10
ISBN 978-7-5672-4582-2

Ⅰ.①职… Ⅱ.①刘… ②陆… Ⅲ.①中等专业学校—入学教育—手册 Ⅳ.①G718.3-62

中国国家版本馆 CIP 数据核字（2023）第 207978 号

书　　名	职业学校新生入学手册
主　　编	刘金桥　陆　伟
责任编辑	徐　来
出版发行	苏州大学出版社
	（苏州市十梓街1号　215006）
印　　刷	苏州市深广印刷有限公司
开　　本	787 mm×1 092 mm　1/16
印　　张	8.75
字　　数	182千
版　　次	2023年10月第1版
	2023年10月第1次印刷
书　　号	ISBN 978-7-5672-4582-2
定　　价	42.00元

图书若有印装错误，本社负责调换
苏州大学出版社营销部　电话：0512-67481020
苏州大学出版社网址　http://www.sudapress.com
苏州大学出版社邮箱　sdcbs@suda.edu.cn

《职业学校新生入学手册》
编委会

主　任：黄　磊
副主任：陈昌明
编　委：刘金桥　阮文涛　花　艳　陆　伟

主　编：刘金桥　陆　伟
副主编：阮文涛　花　艳
参　编：关娜娜　朱文捷　蒋晓婷　贾　鹏
　　　　凡　慧　王　旭　夏　娟　高　莉
　　　　梁玉秀　时强兵　陈华新　邹　挺
　　　　姚祖荣　韩　曦

目 录
Contents

第一单元	学校简介	001
第二单元	"乐行"德育品牌介绍	004
第三单元	专业介绍	010
第一节	课改实验班专业	010
第二节	五年制高职专业	011
第三节	现代职教体系"3+3"项目专业	014
第四节	普通中专专业	015
第五节	中外合作办学专业	016
第四单元	校园育人	019
第一节	资助育人	019
第二节	团组织育人	022
第三节	心理健康育人	027
第四节	创新创业育人	031
第五节	安全育人	034
第五单元	校园管理	043
第一节	学生综合素质考核办法	043
第二节	学生自主管理委员会章程（试行稿）	048
第三节	学生会干部管理规范	052
第四节	班主任助理管理规范	057
第五节	班干部设置与工作职责	058

第六节	团干部设置与工作职责	060
第七节	公益义工管理规范	061
第八节	学生礼仪督察规范	062
第九节	学生礼仪服务规范	063
第十节	学生仪容仪表规范	063
第十一节	学生一日常规	065
第十二节	升降国旗仪式规范	067
第十三节	"五好学生""优秀学生干部""星级学生""先进班集体"等评优奖励办法	069
第十四节	学生违纪处理规定	072
第十五节	教室管理规范	081
第十六节	关于规范管理学生在校期间携带和使用手机等电子产品的规定	082
第十七节	自习课（含早、晚自习）规范	083
第十八节	学生医疗就诊管理规范	084
第十九节	学生考勤日报制度	084
第二十节	卫生包干管理制度	085
第二十一节	寄宿生日常行为规范评分细则及违纪处罚规定	086
第二十二节	学生宿舍环境卫生检查考核细则	088
第二十三节	宿舍考核细则	090
第二十四节	班级常规管理量化考核方法	091

附录

附录 1	中等职业学校德育大纲（2014 年修订）	093
附录 2	中等职业学校学生公约	099
附录 3	中小学生守则（2015 年修订版）	100
附录 4	中学生日常行为规范（修订）	101
附录 5	学生应知应会内容	104
附录 6	江苏省中等职业学校学生学籍管理规定（2011 年修订）	106
附录 7	江苏联合职业技术学院学生学籍管理规定（试行）	117
附录 8	江苏联合职业技术学院学生日常管理规定（试行）	126
附录 9	学生违纪处分告知书（样张）	131
附录 10	系（部）学生处分审批表（样张）	132
附录 11	学工处学生处分审批表（样张）	133
附录 12	学生违纪情况记录表（样张）	134

第一单元 学校简介

一、学校概况

江苏省昆山第一中等专业学校是一所全日制公办中等职业学校,学校创办于1983年,是首批国家级重点职业学校、江苏省四星级中等职业学校、江苏省现代化示范性中等职业学校、江苏省优秀中等职业学校、江苏省德育先进学校、江苏省学生管理30强学校、江苏省高技能人才摇篮奖学校。

二、学校理念

学校以"秉信持能"为校训,致力实践"打造信能教育、培育职业能手、服务区域经济"办学目标,以"植根固本、服务至上"为办学宗旨,追求"品位办学、品牌发展",秉持"开放融合、创新卓越"的办学精神,逐步形成"培植准企业学校文化,培养高品质企业人才"的办学特色。

学校的准企业文化从师生两个层面影响着师生的发展和成长。教职工层面:以学生为中心,以奋斗者为本,长期艰苦奋斗,坚持自我批判。学生层面:责任担当、质量观念、服务意识、诚信无价、创新不止、执行有力。

三、专业建设

学校开设智控、智造、机器人等21个与区域经济发展高度吻合的专业,现有11个"1+X"试点项目、3个江苏省现代化专业群、2个江苏省产教融合型企业、2个江苏省品牌专业、1个江苏省特色专业、1个江苏省优质专业、3个苏州市优秀现代学徒制项目、1个苏州市优秀企业学院,形成了数控技术、机电技术、工业机器人、财经商贸和餐旅服务等五大专业群。

四、实训实习

学校建有数控技术、机电技术、工业机器人、财经商贸和餐旅服务等五大实训基地。其中,数控技术实训基地是江苏省紧缺型人才培训基地、江苏省职业学校现代化实训基地,机电技术实训基地是中央财政支持实训基地、江苏省职业学校现代化实训基地,餐旅服务实训基地是昆山市现代服务业实训基地。

学校先后与牧野机床（中国）有限公司、福伊特造纸服务（中国）有限公司、劳士领汽车配件（昆山）有限公司、昆山奥灶馆、阳澄湖费尔蒙大酒店等50多家中外企业紧密合作，建立了长期稳定的校外实习基地。

五、师资队伍

学校重视师资队伍建设，教师数量、结构合理，整体素质优良，能满足日常教育教学需要。学校制订了师资队伍建设长期规划、骨干教师评选方案、"名师工作室"建设实施方案等一系列教师发展培养方案，师资建设有规划、有梯队。目前，全校在编专任教师共262人；具有研究生学历（学位）的教师112人，约占专任教师总数的43%；专业教师157人，约占专任教师总数的60%；专业教师中"双师型"教师数量不断增加，到2023年7月达142人，约占专业教师总数的90%。

学校现有江苏省特级教师2人，江苏省职业教育领军人才2人，正高级讲师2人，姑苏青年拔尖人才2人，江苏省职业教育名师工作室2个，苏州市学术学科带头人12人，昆山市级以上骨干教师134人。骨干教师积极发挥引领作用，有效凸显专业特长，在名师工作室建设、教育教学竞赛、教科研课题研究等方面取得了大量优秀教育教学成果。

六、德育特色

学校积极打造"乐行"德育品牌。学校根据"立德树人"的根本要求，践行"爱和极致的教育"理念，提倡"把每一件小事做到极致就是伟大"，通过"培、润、导、统"培养学生拥有"自信心、感恩心、宽容心、进取心"的"四心"品质和"爱做事、会做事、做实事、做正事"的"四做"精神，促进学生行为养成，不断丰富学校的"乐行"德育品牌。

七、合作办学

学校与德国工商大会（AHK）、昆山德国工业园共同打造融合育人平台，形成四方联动、协同育人的运行机制；2018年与加拿大博学学院合作办学，开设高星级饭店运营与管理专业；2019年与法国奥克西塔尼大区职业学校合作办学，开设法国西点烘焙专业；2020年与日本东亚大学和长崎外国语大学合作办学，开设日语专业。学校还与苏州健雄职业技术学院、江苏信息职业技术学院、江阴职业技术学院、常州工业职业技术学院等多所高职院校联合开展"3+3"中高职衔接合作办学，为学生的继续深造提供了有效途径。

八、社会责任

学校秉承"请进来,走出去"的开放理念,主动适应、服务地方经济和社会的发展,收到了很好的社会效益。火烧云工作室为昆山市水利局、环保局、卫生局等数十家企事业单位进行企业形象设计。阿里云工作室和企业合作,设计制造的单片机高级工考核实验箱被昆山市人社局指定为"技能状元"大赛专用产品。心之旅工作室成员加入昆山市心理咨询师志愿者队伍,面向社会提供专业心理健康服务。学校还利用公共实训基地资源,发挥职教师资优势,广泛开展社会培训,年均培训3000多人次,以满足企业对各类人才的需要。

九、硕果累累

近三年,学校师生在各类比赛中取得丰硕成果:在教师教学大赛中获江苏省一等奖6个、二等奖7个、三等奖6个;在技能大赛中获国家一等奖5个、二等奖2个,江苏省一等奖26个;在创新创业大赛中获江苏省一等奖2个、二等奖4个、三等奖4个;在文明风采大赛中,23个作品获省级最佳作品称号。学校还在第七届中国国际发明展览会上荣获1金、3银、4铜的好成绩。

十、机遇挑战

近年来,职业院校为社会各行各业输送了大量的专业人才,推动了区域产业结构升级,为促进区域经济快速发展提供了不可或缺的动力。区域经济发展的同时也带动了职业院校自身不断的完善。学校将致力于以区域经济发展需要为出发点,以产业结构为目标导向,对区域内专业布局进行宏观调控,深化课程改革,创新人才培养模式,形成合理的、独特的、能更好地适应当地经济社会发展需要的专业结构。

第二单元 "乐行"德育品牌介绍

"乐行"德育品牌

一、"乐行"德育的实施背景

人本主义心理学认为，情绪、情感、意向、态度、价值观和人际关系在学习和人格发展中起着重要的作用。人是一种正在成长过程中的存在，人的行为动机不断指导着人的自我结构趋向完善。在自我实现的动机驱动下，在提供了适当的成长和自我实现的环境与机会时，人性就能向健康完善的方向发展。心理健康对于促进人的智力与个性和谐发展、发挥人类的聪明才智及培养人才具有重要意义。一个人重视心理健康，可使大脑处于最佳状态，更好地发挥大脑功能，有利于开发智力，充分发挥各种能力，有利于个性的和谐发展，有利于心理疾病的防治。在国家大力发展职业教育的号召下，职业学校的规模越来越大，学生越来越多。与普通学校学生相比，职业学校学生的心理健康问题更为突出，因而做好职业学校学生的心理健康教育工作刻不容缓。

美国著名教育家杜威说过，教育即生活，学校即社会；在做事里面求学问，比专靠听来的学问好得多。我国教育家陶行知认为，生活即教育，社会即学校，教、学、做要合一。现代道德教育不能脱离生活，只有扎根于生活世界并为生活世界服务，道德认知、情感、意志、行为才能和谐统一，才具有深厚的生命力。离开了生活，学校就没有了德育目标。现代德育的主要目标就是要关注学生的生活世界，关注学生的发展需要，着眼于对学生身心健康发展及生活实践的引导，帮助他们积极建构个人完整的心理品质及生存经验，增强发展能力，并能通过自己的努力主动创造新的生活，以文明健康的方式享受新生活。职业学校学生没有繁重的升学压力，活动时间相对较多，这给活动教育提供了契机。

我校以"秉信持能"为校训,就是要培养讲诚信、有自信、有技能、有能力的学生。

二、"乐行"德育的内涵

根据国家对职校学生培养的总体要求以及对职校学生现状的调研,再结合学校的实际情况,我校开始了"乐行"德育的探索和实践。学校通过全方位的思想政治教育、润物无声的美育、集体和个性结合的体育以及心理健康教育,培养学生信念坚定、志趣高雅、积极乐观、坚韧勇敢的品质,实现学生的"自尊、自信、自强、乐群",培养学生的"四心"品质——"自信心、感恩心、宽容心、进取心",即"乐";通过丰富多彩的主(专)题活动、社团活动、志愿活动、劳动实践活动等,为每位学生提供自我锻炼、自我展示、自我成长的舞台,让学生在参与和实践中感受、感知、感悟、反思、成长,锻炼学生的"四做"精神,让学生"爱做事、会做事、做实事、做正事",即"行"。"乐行"就是实施"四心四做"工程,通过加强心理健康教育和活动内化教育,培养学生阳光积极、仁爱包容、敢于实践、乐于行动、勇于付出和担当的精神品质。通过"乐行"德育的实施,为学生能够幸福快乐地生活和工作打下基础,正所谓"乐者心无涯,行者境无疆"。

三、"乐行"德育的实施途径

1. 通过"三全三多"的心理健康特色教育,培养学生的"四心"品质。

"三全三多"指的是"面向全体、全员参与、全程关注"和"多层次辅导、多形式活动、多渠道服务"。通过实施"114工程",即建设好一个心育基地,培植好一支名师团队,将心育与德育相结合、心理课堂与课堂心理相结合、个别辅导与团体辅导相结合、学校辅导与家庭辅导相结合,通过创基地、建档案、做咨询、选教师、定教材、进课堂、重个性、抓团辅、畅渠道、多活动、广宣传、勤培训、深研究,实现"宣传入心、课程明心、辅导健心、活动润心、家校连心、朋辈暖心",形成"积极取向、发展优先"的心理育人传统,培育学生健全的人格。

(1) 建立新生心理健康档案。

学校组织一年级新生填写心理档案记录表。心理咨询室教师将其整理归档,并根据学生填写的内容,了解每个学生的人格、情绪、智商等多种心理活动状态,对于存在特殊情况的学生进行专门的心理辅导,使得学生能够以良好的心态开始新的学习。

(2) 建立心理健康教育基地,定期开放心理咨询室。

学校创造性地和昆山高新区计生委合作共建颇具特色、功能齐全的现代化综合性心理健康教育基地——"青苹果之家",前后共计投入390多万元。"青苹果之家"设有心理咨询室,每日定时对学生开放,由心理老师值班,接待学生来访。学校开通了心理咨询预约网站,规范心理咨询室预约制度。针对学生的身心发展特点,开展学生成长关键期和关键点的指导工作,帮助学生走出迷雾;发现和鉴别具有较为严重和严重心理问题的来访者,向家长或监护人提出建议,将其转介到相关专业心理咨询和治疗机构。

(3) 加强心理健康教育宣传。

学校采用宣传标语、黑板报、手抄报、电子屏、校园网、微信公众号、"心灵绿洲"广播讲座等形式,全方位、多角度地宣传心理健康教育,鼓励学生遇到心理问题及时找心理老师进行疏导。目前,每学期的心理手抄报比赛和每月的"心灵绿洲"广播讲座已成为学校心理健康教育的常规活动。

(4) 开设心理健康教育课。

学校从2010年9月开始推行"心理健康教育进课堂"活动,将心理健康课程排入一年级课表,选定适合的教材,安排心理老师任教,向学生传授心理健康常识,开展学生喜欢的心理活动,为学生提供全面的心理辅导。

(5) 举办心理健康教育讲座。

学校将心理老师分配到系(部),按照专业的不同及各个系的实际情况,有步骤、有计划地开展一系列有针对性的心理讲座。学校的"心灵绿洲"广播讲座每月以校园广播的形式,介绍相关的心理学知识,教会学生如何调节一些不良情绪,如何处理与他人的关系,激发学生对心理学的兴趣,从而学会关注自己的心理健康,并且形成心理咨询的意识,帮助学生健康成长。

(6) 开展团体心理辅导。

学校针对职业学校学生突出的心理问题,开展内容丰富、形式多样的团体心理辅导。团体心理辅导有针对心理困惑、心理障碍的学生开展的科学、有效的班级团体心理辅导;有针对职高生毕业后面临就业的特点,讲述职业理想、就业技巧和职场心理调节的职前团体心理辅导;有针对技能大赛参赛选手的心理特点而开展的赛前团体心理辅导;还有针对参加单招高考的学生在技能考试和文化考试前开展的团体心理辅导;等等。

(7) 做好个别心理辅导工作。

学校重视做好个别心理辅导工作,特别是针对个别学生心理问题较严重的现象,有针对性地矫治和疏导各种心理障碍,通过个别谈心进行说服教育和有针对性的心理训练。

(8) 重视班主任心理培训。

学校将心理健康教育渗透到班主任工作、团工作及学科教学等教育教学工作中,在班主任培训中增加了心理健康知识培训,帮助班主任掌握一些心理辅导技术,并鼓励其将心理辅导技术运用到班级工作中去,提高德育工作的实效性。

（9）成立学生心理社团。

学校通过教师推荐和自由报名的形式组建心理社团。心理社团利用课余时间开展心理方面的一系列活动，如编排心理短剧、进行心理测试、制作心理简报和校园展板等，加强亲子、师生、同学间的沟通和交流。

（10）培训班级心理委员。

班级心理委员是学生心理动态的观察者，是师生沟通的桥梁。学校定期举办针对班级心理委员的团体辅导课，通过多样化的团体辅导，让心理委员切身感受到心理辅导的重要性和必要性，从而加大对心理知识的普及和推广。

（11）开展心理健康教育月活动。

每学期都有一个月为学校的心理健康教育月，活动形式主要以组织"五个一"活动（举办一场以学生为对象的专题讲座，出一期专题黑板报，组织一次心理电影欣赏活动或举办一次手抄报比赛等，组织一次班主任心理健康教育校本培训，组织一次心理主题班会课）为载体，开展形式多样的宣传活动。

（12）开展心理健康教育课题研究。

学校重视学生心理健康教育研究，以研促教，以教促研，目前有多个省级以上心理课题结题或在研。

2. 通过丰富多彩的活动内化教育，培养学生的"四做"精神。

针对职校学生理论知识欠缺、实践动手能力强以及自我展示舞台缺乏的特点，学校高度重视学生实践，通过创设各类丰富多彩的主（专）题活动、社团活动及志愿活动，扩大学生的参与面，力争让每位学生都能找到自我展示的舞台，找到自己的闪光点，从而实现在活动中锻炼人、在活动中塑造人的目标。

（1）理想信念及中国精神教育活动。

学校举办"中国梦，我的梦"主题活动，通过展览、征文、演讲、知识竞赛、优秀师生事迹宣讲等系列活动激发学生树立远大理想，弘扬中国精神。

（2）法治安全及道德品行教育活动。

学校以法治宣传、文明礼仪主题月为载体，精心组织活动，有针对性地开展校纪法规宣传、安全教育、"八礼四仪"教育活动，实现视频学习、主题班会、专题讲座、仪式活动、评比竞赛、现场参观、志愿服务、模拟演练活动的全覆盖（包括派出所、看守所、消防队、法院法庭的参观活动，派出所干警、法院法官、消防队官兵及医护人员的互动讲座，模拟法庭竞赛及禁毒志愿者宣传活动，"向国旗敬礼、做有道德的人"网上签名活动，"拒吸第一支烟"签名活动，法制知识竞赛及廉政廉洁书画比赛，法制动漫微电影比赛及法制、安全电影视频观看活动，逃生演练活动，班级道德讲堂活动等）。其中，班级道德讲堂活动已成为学校的常规特色活动。

(3) 技能及三创活动。

学校每年举办校技能节、创新大赛、创业大赛,在学校开辟创业园,设立创业基金,鼓励学生边学习边创业,通过活动训练学生的职业技能,提高学生的职业修养,使其树立正确的职业观和职业理想。

(4) 文体活动。

学校通过举办校园文化艺术节、校园十佳歌手比赛、演讲比赛、大合唱比赛、播音员及主持人大赛、文明风采大赛、书画比赛、手抄报比赛、才艺大赛、摄影比赛、征文比赛、广播操比赛、三人篮球赛、乒乓球联赛、拔河比赛、冬季三项比赛、田径运动会等丰富多彩的文体活动,丰富学生的校园文化生活。

(5) 志愿者实践活动。

学校通过举办交通志愿者活动、禁毒志愿者活动、环保志愿者活动、福利院关爱行动志愿者活动、扶贫帮困志愿者活动、运动会服务志愿者活动、礼仪服务周活动、金鹰护校队活动等,培养学生勇于担当的家庭和社会责任感。在礼仪服务周活动中,每班轮流进行一周包括东门迎师岗、南门礼仪检查岗、食堂值勤监督岗、校内环卫岗的志愿服务。学校和派出所联合成立的金鹰护校队统一着装,每日上学期间在路口进行交通值勤,已经成为一道亮丽的风景。学校的敬老志愿分队获昆山市优秀志愿服务团队称号。

(6) 社团活动。

学校协助学生成立太极社、雕刻社、动漫社、街舞社、啦啦操队、琴风社、跆拳道社、轮滑社、吉他社、志愿者服务队、国旗队、护校队、电子发烧友社、网店联合会,以及各类球类和棋类社团,让每一名学生都能参加学生社团,为学生提供舞台,培养学生的兴趣爱好及人际交往能力,提高他们的自信心。

(7) "五星"评比活动。

学校在省德育特色学校的班级十项量化考核的基础上,凝练成学校独特的"五星"(星级班主任、星级班级、星级学生、星级宿舍、星级社团)评比体系,定期进行评比,让学校包括班级、宿舍、社团、班主任、学生在内的每一个团体或个人都能参与评比,通过科学定量和定性相结合的评比让每个人能都收获评比的成果和快乐。

(8) 班主任节活动。

学校创造性地在每年5月的最后一周举办班主任节活动,设计丰富的活动让学生积极参与,包括"给班主任美好的一周"的主题倡议书活动、节日献花活动、书写家长和学生心声的心愿礼包活动、学生自行组织排练的"认识班主任"主题班会等。所有活动都由学生自主完成。这些活动既加强了师生交流,增进了感情,同时也让广大学生了解到班主任工作的不易,从而更懂得感恩,培养了学生的处事能力。

（9）学生自主管理委员会管理活动。

学校将校团委、校学生会、系学生会、护校队、宿舍楼面长、班级班主任助理整合成学生自主管理委员会，其配合管理部门积极参与学校管理。学生通过服务活动得到锻炼，培养自己的责任感。

四、"乐行"德育的实践成果

通过一段时间的探索与实践，"乐行"德育结出了较为丰硕的果实，学校荣获江苏省素质教育先进单位、江苏省教学管理先进学校、江苏省德育特色学校、江苏省和谐校园、江苏省平安校园、江苏省职业教育先进单位、全国青少年法制宣传教育工作先进集体、江苏省职业学校学生管理30强、江苏省心理学研究基地、苏州市禁毒教育先进学校、苏州市中小学合格心理咨询室、昆山市心理健康教育优秀学校、昆山市级心理咨询志愿服务先进集体、昆山市六五普法先进学校等荣誉或称号。学生在江苏省及全国文明风采大赛上屡获佳绩，在各级各类的技能大赛、三创比赛、文体竞赛及其他主（专）题竞赛中成绩突出，一批优秀班级及学生收获省、市级荣誉。

第三单元　专业介绍

第一节　课改实验班专业

☞ 机电技术应用专业（专业代码：660301）

培养目标： 本专业培养与我国社会主义现代化建设要求相适应，德、智、体、美、劳全面发展，具有良好的职业道德和职业素养，掌握机电技术应用专业对应职业岗位必备的知识与技能，能从事自动化设备和自动生产线的安装、调试、运行、维护和营销等工作，具备职业生涯发展基础和终身学习能力，能胜任生产、服务、管理一线工作的高素质劳动者和技术技能人才。学生参加江苏省普通高校对口中等职业学校毕业生单独招生考试。

主要课程： 机械制图、机械基础、电工技术基础、电子技术、液压与气动、电工实训、钳工实训等。

☞ 高星级饭店运营与管理专业（专业代码：740104）

培养目标： 本专业落实立德树人根本任务，注重学生德、智、体、美、劳全面发展，培养具有良好的职业品质和劳动素养，掌握跨入饭店行业所必需的基础知识与通用技能以及本专业对应职业岗位所必备的知识与技能，能胜任高星级饭店的前厅、客房、餐饮服务以及饭店运营与管理等一线工作，具备职业适应能力和可持续发展能力的高素质劳动者和复合型技术技能人才。学生参加江苏省普通高校对口中等职业学校毕业生单独招生考试。

主要课程： 餐饮服务与管理、前厅服务与管理、客房服务与管理、旅游概论、中国旅游地理、旅游心理学等。

☞ 市场营销专业（专业代码：730602）

培养目标： 本专业落实立德树人根本任务，注重学生德、智、体、美、劳全面发展，培养具有良好的职业道德和职业素养，掌握跨入现代商贸流通行业所必需的基础知识与通用技能以及本专业对应职业岗位所必备的知识与技能，能胜任调查推广、展示销售以及相关服务、管理等一线工作，具备职业适应能力和可持续发展能力的高素质劳动者和复合型技术技能人才。学生参加江苏省普通高校对口中等职业学校毕业生单独招生考试。

主要课程：基础会计、市场营销学、经济法基础、外贸基础知识、电子商务基础等。

☞ 绘画专业（专业代码：750107）

培养目标：本专业落实立德树人根本任务，注重学生德、智、体、美、劳全面发展，培养具有良好的职业品质和劳动素养，掌握跨入文化创意设计行业所必需的基础知识与通用技能以及本专业对应职业岗位所必备的知识与技能，能胜任中国画、油画和装饰性绘画的创作以及相应服务、管理等一线工作，具备职业适应能力和可持续发展能力的高素质劳动者和复合型技术技能人才。学生参加江苏省普通高校对口中等职业学校毕业生单独招生考试。

主要课程：半身像素描、设计色彩等。

第二节 五年制高职专业

☞ 数字化设计与制造技术专业（专业代码：460102）

培养目标：本专业培养思想政治坚定，德技并修，德、智、体、美、劳全面发展，具有家国情怀和劳模精神，掌握扎实的科学文化基础知识和机械产品数字化设计、智能制造生产线工艺仿真、机械产品数字化制造与管控、产品结构设计、产品造型设计、产品制造技术、增材制造技术等专业知识，具备产品虚拟装配与逆向设计、计算机辅助工艺设计、产品数字化加工、产品协同设计与管理、产品的三维数字化建模、二维工程图创建、产品扫描与数据处理、增材制造设备操作等能力，具有工匠精神和信息素养，面向数字化设计与增材制造领域，能够从事产品数字化正向和逆向设计、产品造型设计、增材制造设备操作与维护等方面工作，具备匠人技艺和创客本领的高素质复合型技术技能人才。

主要课程：数控加工编程基础、机械设计基础、产品数字化设计与仿真、产品逆向设计、传感与检测技术、产品造型设计、机械产品数字化建模技术训练、钣金零件设计技术训练、工业产品造型技术训练、打印技术训练、逆向设计技术训练等。

☞ 模具设计与制造专业（专业代码：460113）

培养目标：本专业培养理想信念坚定，德、智、体、美、劳全面发展，具有一定的科学文化水平，良好的人文素养、职业道德和创新意识，精益求精的工匠精神，较强的就业能力和可持续发展的能力，掌握本专业必备的基础知识和相关技能，了解模具制造的生产过程和技术管理，熟悉模具制造主要加工设备和相应软件的性能与使用技术，具备模具的制造装配、检测调整、试模整修及应用等综合职业能力，面向模具设计与制造工程技术人员职业群，能够从事模具的开发设计、制造、测绘、修理、销售服务等方面工作的高素质技术技能人才。

主要课程： 钳工装配技术训练、模具设计基础、机械拆装技能训练、数控车削技术训练、数控铣削（加工中心）技术训练、模具制造技术、气动与液压控制技术等。

☞ 智能制造装备技术专业（专业代码：460201）

培养目标： 本专业培养与我国社会主义现代化建设要求相适应，德、智、体、美、劳全面发展，具备良好的职业道德和职业素养，能够从事数控加工编程与操作以及数控设备安装、调试、应用、管理、维护与维修等工作，适应生产、建设、服务和管理一线需要的发展型、复合型和创新型技术技能人才。

主要课程： 机械制造技术基础、机电一体化技术基础、机床数控技术基础、机械加工技术训练、电力拖动技术训练、常用电机控制和调速技术、数控机床电气控制技术、数控车加工技术训练、数控电加工技术训练、典型数控系统及其应用技术、自动生产线安装与调试技术等。

☞ 机电一体化技术专业（专业代码：460301）

培养目标： 本专业培养理想信念坚定，德、智、体、美、劳全面发展，具有一定的科学文化水平，良好的人文素养、职业道德和创新意识，精益求精的工匠精神，较强的就业能力和可持续发展的能力，掌握本专业必备的知识和技能，面向通用设备、机电产品、机械设备的工程技术人员、设备修理人员、产品销售人员等职业群，能够从事自动生产线安装、调试、运维，机电一体化设备生产管理、销售、技术支持及其初步开发工作的高素质技术技能人才。

主要课程： 机械制图及CAD技术基础、机械零件测绘技术、机械制造技术基础、机械加工技术训练、电力拖动技术训练、机电一体化技术基础、机电设备管理和维护技术基础、质量管理与控制技术基础、机电设备装调技术基础、机电设备装调技术训练等。

☞ 智能控制技术专业（专业代码：460303）

培养目标： 本专业培养理想信念坚定，德、智、体、美、劳全面发展，具有电气自动化控制、网络化控制、智能化控制等方面专业知识，具备从事智能生产线、工业机器人、过程控制智能仪表等智控系统软件开发、硬件装调、集成维护等方面专业技能，掌握智能设备与系统的参数选型、项目招投标、市场营销推广等专业知识，具备较高职业素养、较强岗位适应能力、良好的可持续发展能力，能够从事智能控制系统研发、设计、生产、销售和集成应用工作的高素质技术技能人才。

主要课程：电机与电气控制、工业网络与组态技术、PLC 控制技术、嵌入式控制技术及应用、智能仪表与过程控制技术、工业机器人工作站系统集成、机器视觉智能检测技术、Python 程序设计、人工智能基础与应用、虚拟仪器技术、数字化三维实体建模技术、面向对象编程与数据库应用等。

☞ 工业机器人技术专业（专业代码：460305）

培养目标：本专业培养理想信念坚定，德、智、体、美、劳全面发展，具有一定的科学文化水平，良好的人文素养、职业道德和创新意识，精益求精的工匠精神，较强的就业能力和可持续发展的能力，掌握本专业基础知识和技术技能，面向通用设备制造业、专用设备制造业的工业机器人系统操作员、工业机器人系统运维员等职业群，能够从事工业机器人应用系统的操作、编程、安装、调试、运行、维护、销售及技术服务等工作的高素质技术技能人才。

主要课程：机械常识、机械制图及 CAD 技术基础、机械零件测绘技术、机电一体化技术基础、机器人技术概论、工业机器人技术基础、工业机器人虚拟仿真、高级语言程序设计、工业机器人示教与编程、组态控制技术、工业机器人典型应用等。

☞ 电气自动化技术专业（专业代码：460306）

培养目标：本专业培养面向电气自动化行业，德、智、体、美、劳全面发展，身心健康，具有与本专业领域相适应的文化水平和良好职业道德，掌握本专业领域的基础知识和相关技能，了解相关企业生产过程和组织管理，具备从事电气设备安装、调试、运行、维护与维修、营销和初步开发等综合职业能力和可持续发展能力的发展型、复合型和创新型技术技能人才。

主要课程：电气制图及 CAD 技术、高级语言程序设计、电力电子技术、供配电技术、自动生产线安装与调试、工业机器人控制技术、组态控制技术、电气线路装调实训、电工（中、高）训练与考级、机电设备装调技术等。

☞ 商务日语专业（专业代码：570205）

培养目标：本专业培养与我国社会主义现代化建设要求相适应，德、智、体、美、劳全面发展，具有良好的职业道德和职业素养，具备扎实的商务日语专业知识和较强的专业技能，以日语为语言工具从事涉外经济贸易，能适应日语外贸业务、国际商务单证、对日服务外包、外贸跟单等岗位需要的高素质技术技能人才。

主要课程：基础日语、进阶日语、日语泛读、日语会话、商务日语、国际贸易实务、国际商务单证等。

☞ 电子商务专业（专业代码：530701）

培养目标：本专业培养具有扎实的商务交流、市场营销、现代物流、贸易理论、相关法律与惯例等方面的商务知识，具备企业内部组织、计划、指挥、协调方面的管理知识，熟知电子商务环境下的商务运作方式和模式，理解电子商务环境下的商务组织、管理和业务方式及其特点的商务型、技术型、战略型复合人才。

主要课程： 电子商务基础、网络营销与策划、客户关系管理、网页设计与制作、现代物流管理、图形图像处理、电子商务运营、移动电子商务等。

☞ 烹饪工艺与营养专业（专业代码：540202）

培养目标： 本专业培养与我国社会主义现代化建设和社会发展要求相适应，德、智、体、美、劳全面发展，具有一定现代科学文化素养，具备良好职业道德及食品安全法律意识，掌握现代烹饪理论知识和烹调操作技术，具备餐饮企业菜品制作、菜品研发、菜品创新及酒店管理等综合职业能力和可持续发展能力，适应酒店一线需要的发展型、复合型和创新型技术技能人才。

主要课程： 烹饪基础、烹调工艺学、面点工艺学、食品雕刻、烹饪营养学、烹饪原料学、西式面点制作、厨房管理、宴席设计与制作等。

☞ 大数据与财务管理专业（专业代码：530301）

培养目标： 本专业培养理想信念坚定，德、智、体、美、劳全面发展，具有一定的科学文化水平，良好的人文素养、职业道德和创新意识，精益求精的工匠精神，较强的就业能力和可持续发展的能力，掌握本专业领域的基础知识和技术技能，面向苏州及江苏地区为主的各类中小微企业的财务管理专业人员、税务专业人员等职业群，适应产业数字化转型升级，能够从事大数据时代的财务管理分析、业财一体化管理、财税管理、内部控制与风险管理等工作的高素质技术技能人才。

主要课程： 会计基本技能、基础会计、经济学认知、会计信息化（初级）、财政与金融基础认知、统计认知与技术、大数据基础、管理会计基础认知、企业财务会计实务、投资理财、大数据财务管理与分析等。

第三节 现代职教体系"3+3"项目专业

☞ 机电技术应用（专业代码：660301）

培养目标： 本专业培养与我国社会主义现代化建设要求相适应，德、智、体、美、劳全面发展，具有良好的职业道德和职业素养，掌握本专业对应职业岗位必备的知识与技能，能够从事自动化设备和自动生产线的安装、调试、运行、维护和营销等工作，具备职业生涯发展基础和终身学习能力，能胜任生产、服务、管理一线工作的高素质劳动者和技术技能人才。本专业与江阴职业技术学院合作办学，高职专业为机械制造与自动化。

主要课程： 电气系统安装与调试、PLC 编程与应用技术、液压与气动系统安装调试、机电设备安装与检测技术、机电一体化设备组装与调试技术、自动化设备及生产线运行维护技术、自动生产线组装与调试技术、机电产品故障诊断与检测技术、机电产品维修技术、机电产品推销实务等。

☞ 模具制造技术（专业代码：660108）

培养目标： 本专业面向企业生产一线，培养拥护党的基本路线，德、智、体、美、劳全面发展，掌握电气、电子、PLC、液压传动、气压传动、金属材料和塑料等成型工艺、模具设计和制造等应用技术基础知识，初步具备金属材料和塑料等中等复杂程度模具的设计能力，编制并实施金属材料和塑料等成型工艺的能力，编制并实施模具制造工艺的能力，数控加工、电加工的编程、操作、调试和维护的应用能力，金属材料与塑料成型模具及装备的安装、调试及模具 CAD/CAM 的应用能力，并具有本专业相应 1~2 个工种中级技能操作等级证书，具有综合职业能力和职业生涯发展基础的中等应用型技能人才。本专业与江苏信息职业技术学院合作办学，高职专业为模具设计与制造。

主要课程： 机械制图、机械制造技术、控制技术基础、模具加工技术基础、数控加工技术基础、模具 CAD/CAM 软件应用、模具制造技术训练等。

第四节　普通中专专业

☞ 机电技术应用（专业代码：660301）

培养目标： 本专业培养与我国社会主义现代化建设要求相适应，德、智、体、美、劳全面发展，具有良好的职业道德和职业素养，掌握机电技术应用专业对应职业岗位必备的知识与技能，能够从事自动化设备和自动生产线的安装、调试、运行、维护和营销等工作，具备职业生涯发展基础和终身学习能力，能胜任生产、服务、管理一线工作的高素质劳动者和技术技能人才。

主要课程： 机械制图、机械加工、机电设计、机电控制、机电一体化、数控编程、自动化控制、电机原理、液压与气动控制等。

☞ 工业机器人技术应用（专业代码：660303）

培养目标： 本专业培养理想信念坚定，德、智、体、美、劳全面发展，具有一定的科学文化水平，良好的人文素养、职业道德和创新意识，精益求精的工匠精神，较强的就业能力和可持续发展的能力，掌握本专业领域的基础知识和技术技能，面向通用设备制造业、专用设备制造业的工业机器人系统操作员、工业机器人系统运维员等职业群，能够从事工业机器人应用系统的操作、编程、安装、调试、运行、维护、销售及技术服务等工作的高素质技术技能人才。

主要课程： PLC编程、机械设计与制造、电工电子技术基础、工业机器人操作与维护、数控编程及加工工艺、工业自动化控制、自动化系统诊断与维护、机器人运动学与控制、自动化概论等。

☞ 会计事务（专业代码：730301）

培养目标： 本专业旨在使学生了解财会法律法规，掌握会计核算和财务管理的基本理论和实务，培养具有良好文化素质、会计职业道德，具备扎实的财会理论基础和实务操作能力，熟悉现行财务管理制度，熟练掌握财务报表的编制和分析，能够从事企业会计实务工作的高素质技术技能人才。

主要课程： 会计原理、财务管理、税务法规、经济法、财务报表分析、企业成本管理、会计电算化、审计学等。

☞ 休闲体育服务与管理（专业代码：770302）

培养目标： 本专业落实立德树人根本任务，注重学生德、智、体、美、劳全面发展，培养具有良好的职业品质和劳动素养，掌握运动与休闲行业的基础知识与通用技能以及本专业对应职业岗位必备的知识与技能，能胜任康养服务、休闲体育旅游管理及本行业其他服务管理岗位等一线工作，具备职业适应能力和可持续发展能力的高素质劳动者和复合型技术技能人才。

主要课程： 社会体育基础、运动人体常识、运动项目与体能训练、体育教学与实践、运动休闲服务与营销、休闲体育专项训练、休闲体育赛事策划与运营、休闲体育会籍与场馆管理、休闲体育活动策划与组织等。

第五节　中外合作办学专业

☞ 商务日语专业（中日合作）（专业代码：770202）

培养目标： 本专业落实立德树人根本任务，注重学生德、智、体、美、劳全面发展，培养具有良好的职业品质和劳动素养，能够使用多种现代化办公设备，具备商务基础知识和技能，能在一定的商务环境中运用日语、英语，具备职业适应能力和可持续发展能力的高素质劳动者和复合型技术技能人才。

培养方式： 在本校学习以日语为主的文化综合课程，采用国际教育教学方式，中日双师共同授课，通过升学专项辅导等，提高日语应用能力至N2同等及以上水平，可逐级考取全球公认的日本语能力等级证书（JLPT N5～N2），学制3年。在完成本校教学计划规定的全部课程并通过考核后，学校颁发中专毕业证书。中专毕业前，结合学生个人意愿及综合水平一对一定制升学规划，学生可通过多元化路径赴日升学，本科阶段专业任选（除临床医学）。日本本科大学学制4年，修满学分、完成毕业论文可获得日方全日制本科大学颁发的本科文凭。

☞ 会计事务专业（中新合作）（专业代码：730301）

培养目标： 本专业落实立德树人根本任务，注重学生德、智、体、美、劳全面发展，培养具有良好的职业品质和劳动素养，了解财会法律法规，掌握会计核算和财务管理的基本理论和实务，具有良好文化素质、会计职业道德，具备扎实的财会理论基础和实务操作能力，熟悉现行财务管理制度，熟练掌握财务报表的编制和分析，能够从事企业会计实务工作的高素质劳动者和复合型技术技能人才。

培养方式： 采用四年本硕连读的模式，在本校学习二年，第三年可自愿选择去新加坡博伟国际教育学院留学，学习三年完成英国公立大学的本科学业，本科毕业后可自愿继续学习一年完成英国公立大学的硕士学业。

☞ 软件与信息服务专业（中加合作）（专业代码：710203）

培养目标： 本专业落实立德树人根本任务，培养德、智、体、美、劳全面发展，具有良好职业道德和人文素养，掌握软件开发技术和软件项目管理方法等基础知识，熟悉信息服务接发包流程和规范，具备信息服务及外语沟通、软件开发、软件测试能力，能够从事信息服务、软件开发、测试工作的高素质技术技能人才。

培养方式： 在本校三年学习软件与信息服务专业所有教学内容，同时修读加拿大圣克莱尔学院语言课程及部分学分课程，达到要求者可免雅思、托福等语言成绩，三年后颁发本校中专毕业证。中专毕业后直接升入加拿大圣克莱尔学院就读本科，毕业后获得其本科荣誉学士学位。

☞ 中西面点专业（中法合作）（专业代码：740203）

培养目标： 本专业落实立德树人根本任务，注重学生德、智、体、美、劳全面发展，培养具有良好的职业品质和劳动素养，掌握跨入餐饮行业所必需的基础知识与通用技能以及本专业对应职业岗位所必备的知识与技能，能胜任中式面点制作、面包制作、西式甜点制作以及相应生产、服务、管理等一线工作，具备职业适应能力和可持续发展能力的高素质劳动者和复合型技术技能人才。

培养方式： 国内三年学习期间，专业课程由法籍外教和中国助教使用法语和中文进行教学。留学期间，接受法国工业行业协会系统职业培训学院教师的指导，有机会参加法国著名的职业西点师大师班的学习。中专毕业后可自愿选择职业培训或普通高校教育。在法国留学的第一年，接受法语语言高强度培训，达到法语B2等级。

选择职业培训的学生在留学第一年还需进行一定量的西点模块加深培训。第二和第三年前往法国奥克西塔尼大区东比利牛斯山省的手工业行会职业培训学院，接受带薪学徒制培养（可获得法国国家项目补贴，约 9600 欧元/年），参加相应考试以获得法国高级西点师四级证书 BTM（该证书为法式西点最高专业证书，可从事米其林餐厅西点主厨、西点培训管理师等工作，也可自主创业，并有资格参加法国最佳工匠技能大赛）。

选择普通高校教育的学生将在法国佩皮尼昂大学经济管理学院经济管理专业、旅游管理专业、工商管理专业或文学院法语文学专业进行为期 3 年的大学本科段学习。

第四单元　校园育人

第一节　资助育人

一、国家高职学生资助政策简介

（一）国家助学金

国家助学金是为了体现党和政府对普通本科高校、高等职业学校和高等专科学校家庭经济困难学生的关怀，由中央与地方政府共同出资设立的用于资助家庭经济困难的全日制普通本专科（含高职、第二学士学位）在校学生的助学金。

国家助学金的资助对象为家庭经济困难的全日制本专科生，平均资助标准为每生每年 3300 元。我校按学生不同困难等级将助学金分为三档，一等助学金 4300 元，二等助学金 3300 元，三等助学金 2300 元。

中西部生源的家庭经济困难生可直接申请资助项目，解决入学后短期生活费问题。具体困难地区以国家发布的六盘山区等 11 个集中连片特殊困难地区分县名单为准。

同一学年内，申请并获得国家助学金的学生可以同时申请国家奖学金或国家励志奖学金。

（二）国家励志奖学金

国家励志奖学金是为了激励普通本科高校、高等职业学校和高等专科学校家庭经济困难学生勤奋学习、努力进取，在德、智、体、美、劳等方面全面发展，由中央和地方政府共同出资设立的，奖励资助品学兼优的家庭经济困难学生的奖学金。我校主要用于奖励资助品学兼优（班级成绩前 10%）、家庭经济困难的二年级全日制普通在校生，每生每年 5000 元。

同一学年内，申请并获得国家励志奖学金的学生可以同时申请国家助学金，但不能同时申请国家奖学金。

（三）退役士兵教育资助

从 2011 年秋季学期开始，退役一年以上、进入全日制普通高等学校的自主就业退役士兵，经本人申请，由政府给予教育资助。

对应征入伍服义务兵役、招收为士官、退役后复学或入学的高等学校学生实行学费补偿、国家助学贷款代偿或学费减免。学费补偿或国家助学贷款代偿金额，按学生实际缴纳的学费或获得的国家助学贷款（包括本金及其全部偿还之前产生的利息，下同）两者金额较高者执行；复学或新生入学后学费减免金额，按高等学校实际收取学费金额执行。学费补偿、国家助学贷款代偿及学费减免的标准，本专科生每生每年不超过8000元，超出标准部分不予补偿、代偿或减免。

（四）学费减免

国家对公办全日制普通高校中家庭经济特别困难、无法缴纳学费的学生，特别是对其中的建档立卡家庭子女、低保家庭子女、孤残学生、烈士子女、特困家庭子女、优抚家庭子女等实行减免学费政策。具体减免办法由学校制定。

二、国家中职学生资助政策简介

（一）国家助学金

中央和地方政府共同设立国家助学金，资助对象是具有中等职业学校全日制正式学籍的一、二年级在校涉农专业学生和非涉农专业家庭经济困难学生，资助标准为每生每年2200元。

中西部生源的家庭经济困难生可直接申请资助项目，解决入学后短期生活费问题。具体困难地区以国家发布的六盘山区等11个集中连片特殊困难地区分县名单为准。

（二）国家免学费

国家对公办中等职业学校全日制学籍一、二、三年级在校生中农村家庭经济困难学生、城市家庭经济困难学生及涉农专业学生免除学费（艺术类相关表演专业学生除外），免学费标准按各省（区、市）人民政府及其价格主管部门批准的学费标准确定。在政府职业教育行政管理部门依法批准的民办中等职业学校就读的一、二、三年级符合免学费政策条件的学生，按照当地同类型同专业公办中等职业学校免学费标准，由财政给予补助。我校中职籍一、二、三年级学生均实行免学费。

（三）国家奖学金

中职国家奖学金由中央财政出资设立，用于奖励中等职业学校（含技工学校）全日制在校生中特别优秀的学生，每年奖励20000名学生，奖励标准为每生每年6000元。财政部会同中央主管部门根据各省（自治区、直辖市、计划单列市）中等职业学校全日制在校生人数等因素分配中等职业教育国家奖学金的名额。学生无论家庭经济是否困难，只要符合规定条件，均可获得国家奖学金。

三、家庭经济困难学生认定和管理制度

（一）认定档次与条件

1. 遵守校规校纪，学习刻苦努力，生活俭朴，并符合条件者均可申请。

2. 申请家庭经济困难学生应依据《关于做好家庭经济困难学生认定工作的指导意见》的认定依据给予认定。

（1）家庭经济因素：主要包括家庭收入、财产、债务等情况。

（2）特殊群体因素：主要指是否属于建档立卡贫困家庭学生、最低生活保障家庭学生、特困供养学生、孤残学生、烈士子女、家庭经济困难残疾学生及残疾人子女等情况。

（3）地区经济社会发展水平因素：主要指校园地和生源地经济发展水平、城乡居民最低生活保障标准以及学校收费标准等情况。

（4）突发状况因素：主要指遭受重大自然灾害、重大突发意外事件等情况。

（5）其他影响家庭经济状况的有关因素：贫困生认定应着重考虑教育系统精准资助建档立卡家庭子女、孤残学生、烈士子女、优抚家庭子女，以及家庭成员长期患重病、家庭遭遇重大自然灾害或重大突发事件等有特殊情况的学生。

3. 申请家庭经济特殊困难学生必须符合以下条件之一：

（1）教育系统精准资助建档立卡家庭子女。

（2）孤残学生、烈士子女、优抚家庭子女等无直接经济来源者。

（3）本人残疾或父母双残、单残，造成家庭经济困难的。

（4）父母务农，家庭无其他经济来源或家庭人均年收入难以维持基本生活费用支出，持有区、镇民政部门发放的困难证明的农村贫困或低收入家庭子女。

（5）家庭被地方政府列为特困户，难以维持基本生活的。

（6）家庭被民政部门确定为城市居民最低生活保障对象的。

（7）学生家庭所在地区发生重大自然灾害（如火灾、洪灾、地震等）造成家庭财产重大损失且无经济资助的。

（二）认定工作组织

学校成立三级认定工作组织，三级认定工作小组的工作职责如下：

1. 班级评议小组：

负责认定的民主评议工作。由班主任、班干部和学生代表组成3~5人的班级评议小组，参照家庭经济困难学生认定标准，根据申请学生证明材料及申请人日常表现、日常开支情况进行综合民主评议，初步认定每位学生的贫困等级。班级认定评议小组在进行民主评议过程中应着重考虑孤残学生、烈士子女、优抚家庭子女、建档立卡家庭子女、农村低保家庭子女、农村特困救助家庭子女，以及家庭成员长期患重病、家庭遭遇自然灾害或突发事件等有特殊情况的学生。

2. 系部认定小组：

认真审核班级评议小组申报的初步评议结果，并调查分析。

3. 校级认定小组：

负责组织、审核和管理全校的认定工作，主要是汇总审核各年级认定的家庭经济困难学生名单，并以适当方式在适当范围内公示，公示内容不涉及学生隐私。

（三）认定工作程序

家庭经济困难学生认定工作原则上每学年进行一次。

1. 个人申请：

学生本人或监护人自愿提出申请，如实填报综合反映学生家庭经济情况的认定申请表。符合资助条件的学生向班级提出申请，填写"贫困生受助申请表"。

2. 学校认定：

学校根据学生或监护人提交的申请材料，综合考虑学生日常消费情况和影响家庭经济状况的有关因素开展认定工作，按规定对家庭经济困难学生划分资助档次。

（四）其他

1. 本制度其他未尽事宜依照国家有关政策、学校相关文件执行。
2. 本制度由学生工作处负责解释。

第二节 团组织育人

一、团组织介绍

（一）团委组织形式

1. 团委由学校党委和上级团委领导，并接受学校行政部门的指导。
2. 校团委设书记和副书记各一名，团委委员五名。
3. 校团委直接领导各系团支部和各班团支部，负责召开会议。
4. 团委的基层组织是各班团支部。

（二）团委干部

1. 团委干部由德、智、体、美、劳全面发展，既有群众基础又有工作能力，具有较高的政治觉悟的在职教师担任。
2. 团委干部应有较强的独立工作能力，具有创新精神，有责任感和事业心，办事效率高，有较强的口语表达能力和组织能力，在同学中有良好的形象和一定的威信。
3. 团委的日常工作由校团委书记和团委委员负责。

4. 团委委员若在一定时间（如 3 个月）内工作没有起色或不服从校团委统一领导，则经团委会讨论并报送党委同意后，将被停职或调换。

5. 团委干部在同等条件下有优先评为先进、优先进入党校学习的资格。

（三）团委的任务

团委的任务包括协助党组织和行政部门认真做好学生的思想政治工作，贯彻党的教育方针，努力提高学生的思想觉悟，引导学生积极学习科学文化知识，积极锻炼身体，使学生在德、智、体、美、劳各方面得到全面发展，成为社会所需要的人才。学校共青团的活动应围绕学校的中心工作去创造性地开展。

团委的具体任务如下：

1. 组织团员学习共青团的章程、历史，使他们对共产主义青年团的任务、作用有充分的认识，认清自己的奋斗目标、权利和义务。

2. 帮助学生明确学习目的，认清形势，明确时代重任，树立远大的理想；帮助教育后进青年提高思想觉悟，达到共同进步。

3. 健全团组织的各项制度，增强团组织的凝聚力和战斗力，充分发挥团员的先锋模范作用。

4. 组织团员和青年学生参加各项社会政治活动和公益劳动，通过活动使他们从中受到教育，培养他们的社会活动能力。

5. 巩固和发展校园文化阵地，利用宣传栏、微信公众号、微博、校园网等宣传学生中的好人好事、交流学习经验，引导学生积极向上。

6. 有计划、按程序地做好团员发展工作，管理好团校，并协助党委办好党校，做好推优入团、推优入党工作。

7. 每学期初制订切实可行的学习工作计划，同时指导团支部做好各项工作，每学期末做好工作总结。

8. 组织团员开展各种有意义、富有开拓性的团工作，如可开展文娱、体育活动及青年志愿者服务活动。

9. 每学期末考核各团支部的工作，开展晋级达标活动，评选优秀团支部、优秀团干部、优秀团员。

10. 积极主动地完成学校和上级团委交给的各项任务。

（四）团委干部的工作职责

1. 团委书记的工作职责：

团委书记在学校党组织、上级团委和分管学生思想政治工作的校长领导下，全面负责学校团委工作。其具体工作职责如下：

（1）积极宣传和认真执行同级党委的方针政策，服从上级团委的指示，贯彻落实学校行政部门所布置的各项任务。

（2）负责制订学校团委工作的全局规划，主持团委日常工作，召开各种团工作会议。

（3）抓好团委班子的自身建设，负责管理、指导学生会，对团干部和学生会干部进行定期考核和选拔培养。

（4）指导和管理基层团支部，帮助他们协调关系，上下沟通。每学期组织评选先进团支部，促使团支部工作走向规范化。

（5）管理、组织好学生课余党校、业余团校，严把学生的推优入团工作，并做好推优入党工作。

（6）积极引导和管理好篮球社、滑板社、中国结社等学生社团，为发展学生的个人兴趣、培养学生的各种能力、丰富校园文化生活做出努力。

（7）主持开展团的各项活动，积极配合学工处及各处室开展工作。

（8）深入团员之中调查研究，掌握他们的意向动态，维护青年利益，带领他们大胆实践、勇于创新，努力开创共青团工作。

2. 组织委员的工作职责：

（1）了解培养学生积极分子情况，组织好各项推优入团工作，具体办理接收新团员的手续。

（2）了解团员的思想工作情况，搜集和整理团员的模范事迹，建议团委对团员进行表扬和奖励。负责考核优秀团员，推荐其进入校团委。

（3）了解和掌握各团支部的组织状况，检查和督促各团支部过好组织生活。

（4）搞好团员统计工作，接转团员组织关系，办理每年度的团员注册工作，按时收缴团费。

（5）建立团活动记录簿，负责对各种团活动和各团支部的突出活动、特色工作进行详细记录。

（6）组织和管理志愿者平台及志愿活动。

（7）组织学校社团的管理与运营工作。

（8）负责关心下一代委员会。

（9）全面负责校红十字会活动的组织和发展。

（10）负责业余团校日常事务的管理工作。

3. 宣传委员的工作职责：

（1）了解团员、学生的思想状况和要求，提出宣传工作的意见，拟订并提出学习计划和建议。

（2）组织团员和积极分子学习马列主义、毛泽东思想、邓小平理论、"三个代表"重要思想、科学发展观和习近平新时代中国特色社会主义思想，学习时事政策和共青团的基础知识，并对其进行共青团知识考核。

（3）根据党的指导和校团委安排，充分利用各种宣传工具，做好宣传发动工作。

（4）及时向党团组织反映团员的意见和要求，维护团员的利益。

（5）负责智慧团建平台管理。

（6）负责全校"青年大学习"管理推进工作。

（7）组织宣传每期的团校、党校工作。

4. 文体委员的工作职责：

（1）发动和组织团员积极参加文体活动，发现和培养文体活动的骨干。

（2）组织重大节日和其他庆祝活动，并在平时经常性地开展各类文体活动。

（3）对各团支部及团员在校内外文娱、体育、专业竞赛中取得的突出成绩进行详细记录。

（4）负责广播站工作、文艺节目编排以及团歌和校园歌曲的教唱等。

（5）负责校团委条线职业技能大赛类工作。

（6）全面负责管理实训中心团支部工作。

（7）负责业余团校日常事务的管理工作。

二、社团介绍

（一）总则

1. 学生社团是学生在共同的兴趣与爱好基础上，自愿结合、自我教育、自我管理、自我服务的群众性非营利性组织。

2. 学生社团应遵循"发掘学生潜能，展示学生特长，体现学生价值"理念，弘扬社团文化，建设学校文化，促进学生健康成长。

3. 学生社团必须遵守法律、法规，贯彻党和国家的教育方针政策，遵守学校规章制度，维护学校正常教育教学和生活秩序，维护国家、社会、学校利益以及他人的合法自由和权利。

4. 学生社团的成立应当经学工处、团委审查同意，按本规定登记。

（二）社团的成立和解散

1. 新社团的成立应符合以下基本条件：

（1）有明确的章程。社团章程应包括社团名称、标记、简称、宗旨、社团构架、主要任务、活动内容、组织运作及其他需要说明的事项。

（2）有完善的组织和确定的负责人。

（3）有具体活动项目。

（4）原则上社团成员不少于10人。

（5）具备开展社团活动所需的基本条件。

（6）有至少一名指导教师。

2. 成立新社团须由发起人向团委提出请示，同时提供以下书面材料：

（1）"江苏省昆山第一中等专业学校学生社团登记审批表"。

（2）社团章程（草案）。

（3）社团发起成员名单及基本情况介绍。

（4）社团指导教师的意见。

（5）其他须特殊说明的情况。

3. 上述书面材料经审查合格，由学工处、团委批准后，社团即可举行成立仪式，宣布正式成立。

4. 社团出现以下情况之一者，予以解散：

（1）连续一个月未进行正常活动，组织瘫痪。

（2）管理混乱。

（3）不服从管理，情节严重。

（4）出现其他应予解散的情形。

5. 社团解散时，应及时请示注销。

6. 社团解散后，任何单位或个人不得再以该社团名义开展活动。

（三）社团成员的权利与义务

1. 在校学生有权按照任何一个社团的章程自愿加入或退出该社团。社团成员在享有权利和履行义务方面一律平等。

2. 社团成员有权了解所在社团的章程、组织和财务情况，对社团的管理和活动提出建议和质询。

3. 社团成员有选举权和被选举权，有按照章程担任社团职务的权利，并承担相应义务。

4. 社团成员应当积极参加社团的各项活动，并有权向社团建设提出批评和建议，促进社团的健康发展。

5. 社团负责人违反本规定的有关要求或校纪校规，损害成员利益的，社团成员有权向学工处反映问题和情况。

（四）开展活动

1. 社团依照章程开展各种活动，但任何活动不得影响正常的教学、生活秩序。

2. 社团活动须保证各成员享有正当权益，每学期要定期组织成员进行相关技能培训，提高成员的素质和业务水平。

3. 学生社团和个人创办面向校内的刊物须经学校批准，创办面向校外的刊物须报政府主管部门批准，禁止出版非法刊物。

4. 各社团有参加学工处、校团委、系部团总支安排的各类活动的义务，如果是演出，则须为指定节目，不得擅自篡改或增删演出环节、参演人员、节目内容等。如遇活动有指定服饰安排的，不得随意更换、更改。社团有通过参加各类校内外活动获得奖励的权利，活动奖品、奖金由社团成员自行决定分发。

5. 非创业型社团原则上不得从事以营利为目的的活动。

6. 开展面向校外的活动或与校外团体联合举办的活动，必须报请校团委审批。

（五）监督管理

1. 学工处、团委负责对学生社团进行监督管理，具体工作如下：

（1）学生社团的登记注册、变更注销及档案管理。

（2）对学生社团开展的除内部活动以外的开放性活动的审批。

（3）定期召开社团负责人会议，布置传达上级有关精神，协调各部门之间的关系。

（4）学生社团的财务监督。

（5）维护社团成员的权利。

2. 学生社团向团委提出活动申请时必须说明活动的目的、宗旨、内容、方式、时间、地点、负责人、范围及经费预算。

3. 学生社团不得私刻公章。

4. 学生社团在进行对外联络活动时，必须真实署名，必须强调学生社团身份，不得盗用其指导部门或其他组织的名义开展活动。

5. 违反上述规定的社团，学工处、团委将予以通报批评，严重者暂停该社团活动资格并追究有关当事人责任。

（六）考核评定

1. 学工处、团委每学年对社团、社团活动、社团负责人进行考核评定。评定采取百分制，按评定得分评出"优秀社团""优秀社团指导老师"。

2. 学校对获得"优秀社团""优秀社团指导老师"的社团和个人给予表彰，对考核不合格的社团和个人给予批评。详细考核评定办法参见《昆山第一中专学生社团考核办法》《昆山第一中专社团指导老师聘任及考核办法》。

3. 有下列情形之一者属不合格社团，团委有权责令其停止活动并进行整顿，并对当事人给予批评教育或纪律处分：

（1）活动内容、范围与社团性质、章程不符的。

（2）应当进行定期注册而未注册的。

（3）社团执行机构有严重违纪行为的。

（4）有其他事项应当进行整顿的。

第三节　心理健康育人

一、迎接新变化，适应新生活

步入职校后，面对崭新的环境，很多同学会产生各种不同的心理感受，在这个特殊时期也容易出现各种心理问题。

（一）心理问题

1. 生活方面：

（1）目标不明确。

突然离开了有明确目标的初中生活，进入自由度相对较高的职校生活，容易产生没有目标的茫然心理。

（2）期待值过高。

对职校生活有着过高期望，理想与现实形成反差，容易产生失落心理。

2. 学习方面：

（1）学习方式转变困难。

中职校注重逐步培养学生的自学能力、领悟能力和思辨能力，强调学生学习的自觉性、积极性和主动性。学习方式的转变会使学生感到学习困难、压力倍增。

（2）自我调适不及时。

由于多种原因，如学校或专业与学生本人志向不相符合等，学生一时之间难以接受，有可能会长时期沉浸在悲观、失望、苦闷、后悔、自卑等多种复杂的情绪体验之中。

3. 人际关系方面：

（1）沟通交流变被动。

一些同学既抱怨别人不对自己敞开心扉，自己又不主动与他人接近，结果无法与他人建立良好的人际关系。

（2）突显"个性"，无法融入群体。

一些自傲或内向的新生容易产生孤独感与交往需要的矛盾，常常感到焦虑不安和空虚寂寞。

（二）解决策略

每个人在面对新环境时或多或少都会出现不适应的现象，这是非常正常的。中职生在身心发展过程中，有意识地掌握一些常用的自我心理调适方法，对减轻心理压力是非常有帮助的。下面简单介绍一些心理调适小技巧：

1. 积极暗示。

正确运用积极暗示，如常常对自己说"我能行""我的好想法越来越多""我的进步越来越快"等，充分调动一切有利于完成任务的潜在身心资源，不仅有助于提高做事效率，增强自信，保持平静的心态，而且有利于增强自我效能感和成就感。

2. 顺其自然。

保持自然平常的心态，主动直面各阶段出现的得失成败，可以减轻在适应过程中产生的焦虑、急躁和抑郁情绪，增加生活趣味。

3. 重新评价。

对职校学生的评价除了学习外，还包括社交、社会工作、创新能力和个人专长等方面。因此，职校学生应注重客观、全面地评价自己和他人，为自己的学习、生活确立合适的目标。

4. 合理宣泄。

在适应新环境的过程中不可避免地会产生负面情绪，可通过运动、听音乐、看电影、睡觉、淋浴、找人倾诉、痛哭、喊叫等方式进行宣泄。

5. 主动沟通。

在学习、生活、人际交往等诸方面产生困惑时，可主动与父母、老师、同学、学长等交流和沟通，倾诉苦闷，探索对策，倾听意见和建议。

6. 心理咨询。

若运用以上方法依然没有解决心理问题，也不要慌张，可以向班主任或者学校心理健康中心的老师寻求专业帮助。

二、认识心理健康，重视心理健康

（一）什么是心理健康

从小到大，父母一般都会非常重视孩子的身体健康，但对孩子的心理健康可能关注甚少。这是因为很多人并不知道，人的健康不仅指生理上的健康，而且还包括心理上的健康。世界卫生组织对健康的定义："健康不仅是没有躯体的残缺与疾病，还要有完整的心理、生理状态及社会适应能力。"实际上，身体和心理是相互关联的。躯体患病，难免给人带来心理压力，而心理疾病也同样会诱发各种躯体疾病。现代医学发现，许多疾病与心理健康水平密切相关。实际上，心理健康可能比躯体健康更重要。一个人可以身残志不残，这是心理健康。而一个人心理有障碍，即使没有危及躯体，也痛苦难熬。心理健康是人们快乐生活、发展潜能、取得学业（事业）成功的保障。

（二）心理健康的标准

心理健康有哪些标准呢？美国著名心理学家马斯洛在20世纪50年代初提出了心理健康的十条标准：① 有充分的自我安全感；② 能充分了解自己，并能恰当估量自己的能力；③ 生活理想切合实际；④ 不脱离周围现实环境；⑤ 能保持人格的完整和谐；⑥ 善于从经验中学习；⑦ 能保持良好的人际关系；⑧ 能适度地宣泄情绪和控制情绪；⑨ 在符合团体要求的情况下，能有限度地发挥个性；⑩ 在不违背社会规范的前提下，能适当地满足个人的基本需求。

（三）心理健康状态不是一成不变的

随着人的成长、经验的积累及环境的改变，心理健康状态也会有所变化。心理健康是一个发展变化着的建设过程。在这个过程中，每个人都会遇到各种心理困扰，但遇到心理困扰并不等于心理不健康，最重要的是要能有效地排解困扰，我们所要做的就是以积极的心态享受生命的过程。我们在成长过程中，不可能一帆风顺、事事如意，而种种失败、无奈、委屈都需要我们勇敢面对、豁达处理。要学会在不利的事件中看到有利的一面，在困难中发现希望，在失意中找寻生活中美好的事物，这是一种处世哲学，也是一种健康的心态。

遇到危机时，我们要看到危机后面的转机；遇到压力时，我们要看到压力后面的动力；遇到挫折时，我们要看到挫折后面的成长。与其一味地埋怨生活，从此消沉沮丧、萎靡不振，不如以阳光的心态积极应对。拥有酸、甜、苦、辣、咸的五味人生才是真正丰富的人生。人有悲欢离合，月有阴晴圆缺，正是这些喜悦的瞬间和悲伤的时刻造就了我们多彩的人生。不要因为任何一个片刻的特别美丽而执着于它，也不要因为任何一个片刻的特别痛苦而将其推开，我们要将它们看作人生中的一段经历去体验，在体验中积极成长。

（四）区分心理问题、心理障碍、精神疾病

青少年的心理问题是指青少年在心理发展过程中所出现的不良适应状况、轻度的心理与行为方面的异常表现，一般包括在学习、人际交往、职业生涯、恋爱等日常生活中遇到的困扰，是青少年在成长过程中经历的生活事件导致的心理困惑。心理疾病是一种精神障碍，是一种需要正规治疗的疾病。通常根据这种精神障碍的严重程度，将其分为心理障碍和精神疾病。心理障碍主要是指神经症、人格异常和性心理障碍等；精神疾病是指人脑机能活动失调、丧失自知力、不能应付正常生活、不能与现实保持恰当接触的严重的心理障碍。事实上，患有心理障碍或精神疾病的学生并不多，多数学生遇到的都是一般心理问题。但是，一般心理问题也会在很大程度上影响学生的发展，而且若不及时对其进行调节和疏导，持续发展下去就可能导致心理障碍或精神疾病。遇到一般心理问题通过自我调节或者向学校心理健康中心的老师咨询就可以解决；而一旦患上心理疾病，就必须到正规的专业医疗机构进行诊治。

三、学校心理辅导室预约咨询

若有需要，学生可到学校的"心灵绿洲"心理辅导室来咨询，心理辅导老师愿与你一起分享成长的故事，帮你排除生活中遇到的烦恼，协助你增强抗挫力与社会适应能力，发掘你的个人潜能，提高你的生活质量。在这里，悲伤与痛苦有人与你分担，欢乐与幸福有人与你共享；在这里，没有训斥，没有教导，有的只是朋友之间真心的话语；在这里，不必担心秘密会被泄露。我们将本着"热情坦诚、倾心交流、守信保密"的原则，尽我们所能为你排忧解难，相信这里会成为你心灵休息的港湾。热忱欢迎同学们的到来！

到学校心理辅导室咨询之前，请通过学生成长平台进行预约。

心理辅导室地址：图文阁四楼。

热线电话：0512-50316892（外线）、81306（内线）。

心理辅导时间安排：周一至周五 12:30—14:30。

第四节 创新创业育人

一、创新创业是什么

创新创业是指在经济、社会和商业领域中，通过创造性的思维、行动和实践，开发新的商业机会、产品或服务，并将其转化为商业成果的过程。创新创业不仅指创建新的企业，也包括对现有企业的改革和创新，以适应不断变化的市场环境和消费者需求。

创新是指对现有的产品、服务、技术、商业模式或流程进行改进、转变或创造全新的解决方案。创新可以是顺应市场需求的新产品开发，也可以是创造全新的市场需求。它涉及创造性思维、创新型的创业者和合适的资源，以实现个人或组织在市场中的竞争优势。创业是创造、发展和管理新的商业机会的过程。创业家是那些具有创新、冒险精神和创造性思维的人，他们愿意承担风险，创造新的企业、产品或服务，并在市场竞争中为其成功做出努力。

创新和创业相互关联，创新为创业提供了新的商业机会，创业则是将创新转化为商业价值的过程。创新创业可以促进经济和社会的发展，推动社会进步，改善人们的生活质量。

总而言之，创新创业是指通过创造性的思维和实践，利用新的商业机会和解决方案，开发新产品、服务或商业模式，为个人或组织创造商业价值。

二、创新创业教育

创新创业教育是一种以培养学生创新思维、创业能力和创新精神为目标的教育形式。它涵盖创新和创业两个方面，旨在培养学生发掘创新机会、解决问题、创新产品和服务的能力，以及创办企业、管理和领导企业的能力。

创新创业教育中，学生可以参与到项目式学习、比赛、实践和创意课程中。他们可以获得探究和实践的机会，了解创新、创业和领导力的理论和实践知识，在实践中逐渐积累经验，提高解决问题的能力和合作能力。近年来，我校通过实施教育、实践、比赛一体化设计，构建学校、企业、社会多元化协作网络，取得了创新创业教育的较大进步，实现了教师与学生双发展、创新与创业双突破。

三、新生创新创业入学教育

学校提供有关创新创业方面的入学教育是非常重要的，有助于培养学生的创新创业意识和能力，并为他们未来的职业发展打下坚实的基础。

（一）课程设置合理，完善教育体系

我校设立了专门的创新创业课程，有助于新生从中了解创新创业的基本概念、原理和方法。这些课程包括创新创业思维培养、市场调研、商业计划书撰写、团队合作等内容，具有较强的实践性，注重案例分析和团队项目。我校通过搭建分层分阶段的"双创"教育平台，不断优化课程体系，既紧密结合专业，又打破专业限制，为不同年级、不同水平的学生分层、分类、分阶段设计教学，有利于培养学生独立思考、协作优优的能力，提升学生的创新创业素养。

（二）丰富活动载体，营造良好氛围

我校邀请成功创业者、行业专家和创新创业导师开设讲座并进行指导，分享他们的经验和故事；搭建创新创业活动舞台，建立"创客空间"，成立创新创业社团，举办创新创业节，设立校园集市（图4-1），让更多的学生参与进来，在创新创业活动中增长知识、锻炼能力、提升素养；还举办了一些创新创业培训或创业沙龙，让学生能够有意识挖掘、寻找适合他们的创新创业项目。

图 4-1　校园集市活动准备

（三）创新创业实践转化，建立导师制度

我校组建了创新创业训练营，建立了创新创业导师制度，针对性地开展实践指导、路演辅导等师生活动，培养学生的创新创业思维和实践能力，为学生提供实践机会，提供成型、小批量生产、渠道营销等一站式服务，帮助有创业意愿的学生孵化创业项目。为了有效促进我校创新创业训练营团队能力的提升，做好相关训练计划，训练营开展了我校第一届"思辨杯"辩论赛、主题演讲比赛（图4-2、图4-3）等。学生积极踊跃地参与训练营的相关活动。对于在比赛中表现出色的学生，学校推荐其参加创新创业大赛。

图 4-2　创新创业训练营辩论赛　　　　图 4-3　创新创业训练营演讲比赛

（四）提供资源支持，鼓励比赛锤炼

我校为学生提供创新创业所需的资源支持，鼓励学生积极参加各类创新创业大赛（图 4-4），在激烈的竞争中锻炼自己的组织、管理、协作等能力，开拓视野，为将来创业奠定坚实基础。

图 4-4　我校学生参加 2023 年苏州市职业学校创新创业大赛现场

（五）我校学生创新成果转化典型案例

2019 年，我校睿云创新工作室了解到市场上基于 RJ45 的物联网智能家居的信号采集器价格偏高，且功能单一，于是工作室成员对此款设备进行了应用性研究和开发，利用 ARM7 的 STM32F103R8 做主控 CPU，W5500C 做 TCP 网络通信。对已经装修好的家庭用户而言，不方便布置 485 通信或者 RJ45 双绞线，因此工作室又对电力载波和 LORA 无线通信进行了必要的学习和使用研究。

之后工作室连续开发了两款创新作品——"基于电力载波的物联网智能家居信号采集器""基于电力载波的智能安全的电源插排"，并参加了职业教育创新大赛。一次偶然的机会，江苏远视环境科技有限公司了解到我校的这两款创新作品与他们公司大量使用的信号采集器功能相近，便联系学校希望工作室在现有采集器的基础上按照公司的要求进行二次开发。基于此，睿云创新工作室又先后开发了"485 和 RJ45 双通信的信号采集器""12 路高速并行 DS18B20 温度信号采集器""中央空调终端集中管理控制器"三款产品。产品经测试符合企业技术要求，目前已在市场上广泛应用。其中，"12 路高速并行 DS18B20 温度信号采集器"在 2021 年江苏省职业学校创新创业大赛中荣获二等奖。

（六）我校毕业生创业孵化典型案例

陈迪，江苏省昆山第一中等专业学校 2016 届毕业生，壹只蟹大闸蟹（苏州）有限公司总经理，曾获"创青春"中国青年创新创业大赛银奖，在省级和市级各类创新创业大赛中也多次获奖。

作为一名在阳澄湖边长大的"90 后"，儿时的记忆里，他常常看着母亲撑着船，将蟹笼慢慢拉起，在湖面层层的涟漪中，一只只举着毛绒大钳的肥美大闸蟹露出水面。一颗返乡创业经营大闸蟹的创业种子在他心底悄悄播下。进入江苏省昆山第一中等专业学校后，学校丰富的创新创业课程及活动让他眼前一亮。他如饥似渴地加入学习队伍中，虚心向创业专家、经营行家请教，并时刻留心着蟹农们的商业动向。而后他利用政校企多方资源搭建了"蟹团长"平台，全面服务蟹产业融合发展，从特色农产品销售、蟹宴餐厅服务、行业传承人才培训等多方面驱动公司发展，开发了 56 家蟹宴沉浸式餐厅，培训了 3840 人，直接带动就业 1125 人，间接带动就业 12905 人，累计带来社会效益 4800 多万元，业务覆盖全国 5 个省市 23 个地区。2025 年公司营业总额预期将达到 5 亿元。

他说，要将此项目作为终生奋斗的事业，致力于打造以红楼蟹宴为代表的第一蟹宴，做中国河蟹新业态的引领者。

第五节 安全育人

学校是教育培养人才的最主要场所，每个学生都是社会和家庭的希望，校园安全自然也是社会广泛关注的热点问题。

一、宿舍安全

我们身处的环境对我们的健康会产生重要影响。宿舍是职校学生主要的生活场所，自觉维护宿舍安全是每个学生的责任。为了维护宿舍安全，我们必须做到以下几点：

（一）不使用违章电器

不在学生宿舍内保存、使用热得快、电吹风、电饭锅、拉直板等违章电器。这些电器都是靠电阻值较大的材料发热来工作的，耗电量高，如果用不配套的电线连接，就会造成电线发热，电线长时间超负荷工作就会导致绝缘体老化甚至燃烧，从而引发火灾。

（二）重视用电安全

购买电器产品时务必认准安全标志、出厂证明和检验合格证，不购买"三无"产品。不私拉电线，不乱接插头、插座。因为电线和插头、插座多重连接，容易导致接触不良，从而产生电火花，如遇可燃物，就会引发火灾。不要将电源线、插座埋在被褥下面，防止因电线发热而造成绝缘层起火。

（三）不在无人时使用充电设备

数码相机、笔记本电脑等在充电过程中，由于充电器长时间蓄热，热量又散不出去，容易引发火灾。因此，无人时必须将笔记本电脑、手机等电器断电并将插头从插座上拔下。对于照明灯，要做到人走灯灭。

（四）不在宿舍内点蜡烛

不要在宿舍内点蜡烛看书，防止引发火灾。

（五）不在宿舍内抽烟

烟头的火源虽小，但其表面温度可达200 ℃~300 ℃，中心温度可达700 ℃~800 ℃，而纸张、棉花、木材、涤纶、纤维等一般可燃物的燃点为130 ℃~140 ℃，烟头扔到这些可燃物上极易引起火灾。

（六）不在宿舍内焚烧物品

对于一些废弃物，特别是想要销毁的一些信件，切勿将其放在宿舍、楼道或厕所内焚烧，以防引起火灾。

（七）掌握火场逃生常识

认真学习和掌握火场逃生常识，熟悉楼内的消防疏散通道和逃生出口。宿舍内一旦发现火情，一定要保持镇定，以免受到不应有的伤害。在火势较小且可控的情况下，按消防栓、灭火器使用方法进行灭火和自救；当火势危及人身安全时，首先要保证生命安全，有序逃生。

（八）注意防疫，保护自身安全

疫情防控期间，进入宿舍应当首先对宿舍进行全面的消杀。

二、饮食安全

为了避免食品安全问题的出现，我们必须掌握一定的食品安全知识，更重要的是要在日常生活中践行食品安全的理念。

（一）十条食品安全提示

1. 认真对待"有效期"和"保质期"，不购买过期产品，发现过期产品应向商店经营者报告。如果发现包装食品在包装上标明的有效期内"变坏"或回家后发现包装破损，应退货并向零售商或食品加工商报告。

2. 销售假冒伪劣食品涉及使用劣质、廉价原料来欺骗消费者的行为。如发现商家销售假冒品牌、假冒标签的食品及被污染过的食品等，应向有关机构检举揭发。检举揭发这些事件可以帮助机构查处不法商贩，防止此类事件重现。

3. 生鲜食品，特别是肉类、鱼类和其他海鲜，应存放在冰箱底层，加工过的食品应存放在冰箱顶层。食品应包装或妥善盖好后储存。

4. 不要将过热的食物放入冰箱，因为这样会使冰箱内的温度升高。

5. 将罐装、瓶装和袋装食品储存在干燥凉爽的地方并防范昆虫、鼠类等。

6. 在准备食物和吃饭前一定要洗手。

7. 刀具等在处理生鲜食物后以及处理已烹调过的食品或生吃的食品前，必须彻底清洗。

8. 认真选择采购食品和就餐的地点，确保其餐具和其他设施都干净卫生。

9. 热食物应该很热，冷食物应该冰凉。避免食用任何在室温下已保存2小时以上的食物。

10. 水果和蔬菜等生鲜食品应尽量削皮或烹调后食用。食物中毒的潜在危机可由适当的食物处理、保存和烹调步骤来消除。

(二) 食品安全守则

1. 食物安全保存守则：

在低温下保存食物可降低细菌的繁殖速度和交叉污染的危险性。尽量将肉类包装后储存在冰箱的底层，以避免肉汁液滴在其他食物上。生鲜猪肉、禽肉和海鲜等应分别包装。冰箱冷藏室的温度应控制在4 ℃左右，冷冻室的温度应控制在-18 ℃以下。对于已打开包装的食品应在2~3天内食用完毕。

2. 食物处理安全守则：

遵守以下基本原则可减少交叉污染：使用不同的器具来处理生食和熟食；不要将煮好的肉放在盛装生肉的盘子里；腌渍食物时，应使用有盖的非金属容器，并将其放在冰箱中保存；处理食物前一定要洗手，并清洗所有的食物接触表面。

3. 食物烹调安全守则：

烹调是避免食物中毒的重要步骤，因为细菌可很快被高温杀死。请遵守以下事项：肉类在食用前应加热至75 ℃以上，保证肉类中心不再呈粉红色，流出的肉汁呈透明状；不建议食用非常生的肉类；未食用完的熟肉应立即冷藏，或在烹调后2小时内冷藏。

(三) 生活中饮食卫生注意事项

生活中保持身体健康的首要问题就是时刻注意饮食卫生，防止"病从口入"。生活中的饮食卫生注意事项如下：

1. 注意饮水卫生。

一般来说，生水是不能饮用的，必须经必要处理（如过滤、消毒、煮沸）后才能饮用。

2. 瓜果洗净或去皮后食用。

瓜果除了受农药污染外，在采摘与销售过程中也会受到病菌或寄生虫的污染。因此，食用瓜果前应将其洗净或去皮。

3. 慎重对待每一餐。

不要饥不择食，也不要暴饮暴食，应慎重对待每一餐。对于外卖食品，要确保其生产经营单位的安全可信度。自己烹调食物时要注意合理搭配，防止食物相克。

（四）怎样预防食物中毒

食物中毒是指由于食用了被细菌污染后腐败变质的食物，或食用了被有毒化学物质污染和本身有毒的食物后而发生的以急性过程为主的疾病。食物中毒一般潜伏期短、发病快。短时间内大量食用过相同食物的人同时发病，所有病人都有相似的以消化道症状为主的临床特征。预防食物中毒应做到以下几点：

1. 不吃变质、腐烂的食品。
2. 不吃被有害化学物质或放射性物质污染的食品。
3. 不生吃海鲜、河鲜、肉类等。
4. 生、熟食品分开放置。
5. 不用切过生食的菜刀、菜板切熟食。
6. 不吃病死的禽畜肉、发芽土豆、霉变甘蔗及变质饮料等。
7. 不吃毒蘑菇、河豚、生的四季豆等。

（五）为什么不能喝生水

生水中可能含有一些致病微生物，如细菌、病毒、寄生虫或虫卵等，此外还可能含有一些对人体有害的化学物质，饮用生水后容易患病。水经过加热煮沸后，大部分致病微生物已被杀死，某些有害的化学物质经加热后分解，对人体致病的可能性大大降低。

（六）蔬菜食用注意事项

蔬菜富含人体所必需的矿物质、维生素和膳食纤维，是人们每天必须摄入的食物，对于人体健康具有非常重要的作用。多吃蔬菜对防治很多慢性疾病也有好处。中国营养学会编著的《中国居民膳食指南》中建议每人每天吃 300~500 g 的蔬菜，但应避免食用含有天然有害物质的一些蔬菜。例如，未成熟的青番茄中含生物碱，食用后可致人中毒，引起恶心、呕吐等中毒症状；土豆贮存时间过长易发芽，发芽的土豆会产生大量的龙葵素，人食用后会中毒。

三、运动安全

常见运动损伤的处理方法如下：

（一）肌肉挫伤

肌肉挫伤后应立即冷敷，加压包扎，抬高患肢，以防止继续出血。24 小时后可进行按摩或理疗，也可热敷，以活血消肿。如果怀疑内脏损伤，则应送医院进一步治疗。

（二）肌肉痉挛

发生肌肉痉挛后应对局部痉挛的肌肉进行牵引，使之伸长或松弛。

（三）韧带扭伤

韧带扭伤后应立即冷敷，加压包扎，抬高伤肢。24 小时后对伤部进行局部按摩或热敷。严重损伤，如韧带撕裂时，可用绷带固定伤肢后立即送医院进行治疗。

（四）骨折

骨折发生后，应立即停止运动。如果患者有休克现象，应先点按人中穴，必要时施以心肺复苏术。如伴有伤口出血，应同时实施止血包扎。骨折后切忌移动患肢，应用夹板或其他代用品固定伤肢，随后送医治疗。

四、网络安全

（一）远离网络赌博

参加网络赌博，赌资在几十元至几百元范围内即属于违法行为；赌资达几千元、几万元、几十万元甚至几百万元即涉嫌犯罪；赌资越大，定罪量刑越严重。职校学生由于心智并未完全成熟，很容易迷失自我而误入歧途。违法往往从违纪开始。青年学生要养成遵纪守法的良好习惯，充分认识赌博的危害，培养高尚的情操。

（二）远离网络借贷

部分学生家庭条件一般，但是又喜欢吃喝玩乐，花销大了，生活费不够用，就可能陷入网络借贷的无尽深渊。网络借贷的危害如下：

1. 具有高利贷性质。不法分子利用在校学生社会认知能力较差、防范心理弱的劣势，从事短期、小额贷款活动。从表面上看这种借贷是"薄利多销"，但实际上不法分子获得的利率是银行的 20~30 倍，肆意赚取学生的钱。

2. 滋生恶习。学生一旦接触了网络借贷，极有可能越借越多，并养成赌博、酗酒等不良恶习，严重的可能因无法还款而逃课、辍学。

3. 催款形式恶劣。放贷人在放贷时会要求学生提供一定价值的物品进行抵押，而且要收取学生的学生证、身份证复印件。一旦学生不能按时还贷，放贷人可能会采取恐吓、殴打、威胁学生甚至其父母的手段进行暴力讨债，对学生的人身安全和高校的校园秩序造成重大危害。因此，我们要自觉树立正确的消费观，抵制过度消费和超前消费；加强对金融信贷法律知识的学习，提高个人金融风险防范能力。

五、社交安全

青年学生应提高防范意识，与陌生人保持正常的交往距离，谨慎交友，谨防网恋诈骗。对于熟人或朋友介绍的人，要学会"听其言，察其色，辨其行"。不贪小便宜，坚信天下没有免费的午餐。

六、法治安全

青年学生应认真学习法律常识，懂法用法，自觉遵守法律，了解社会主义法治建设，懂得保护自身利益，勇于与违法犯罪行为做斗争。学生要积极参加学校组织的法治和安全防范教育活动，多了解、多掌握一些防范知识。

七、传染性疾病预防安全

春季气温变化大，寒温交替，细菌和病毒也更加活跃，是流行性感冒、麻疹、水痘等传染病的高发季节。这些传染病大多可通过空气、短距离飞沫或接触呼吸道分泌物等途径传播。由于学校人员密集，传染病一旦发生，容易传播流行，后果严重。

下面列举几种常见的传染病及其预防措施：

（一）流行性感冒

流行性感冒（简称流感）是由流感病毒感染引起的对人类危害较严重的急性呼吸道传染病，一般表现为急性起病、发热（部分病例可出现高热，达 39 ℃ ~ 40 ℃），伴畏寒、寒战、头痛、肌肉和关节酸痛、极度乏力、食欲减退等全身症状，常有咽痛、咳嗽症状，可有鼻塞、流涕、胸骨后不适、颜面潮红、结膜轻度充血、呕吐、腹泻等症状。

流行性感冒的预防措施：

1. 接种流感疫苗是目前预防流感最有效的手段，可以显著降低接种者罹患流感和发生严重并发症的风险。

2. 个人日常防护：保持室内通风；平时注意保持良好的个人卫生习惯，勤洗手，不用手触碰眼、口、鼻；在流感流行季节，尽量避免去人群聚集场所；家庭成员中出现流感患者时，尽量避免与其近距离接触。

3. 在症状出现的 48 小时内服用抗病毒药物，能有效缓解疾病症状、缩短症状持续时间。吃药须遵医嘱，不要盲目用药。

（二）麻疹和风疹

麻疹和风疹是常见的急性发疹性传染病，极易在人群中暴发流行。两者的传染源均为感染病毒的患者，病毒主要通过飞沫传播，儿童为主要易感人群。由于尚无针对这两种疾病的特效疗法，麻疹和风疹的预防方法主要是接种疫苗，提高人群免疫力，从而阻断病毒的持续传播。这两种疾病症状相似，需注意鉴别诊断。

麻疹和风疹的预防措施：

1. 对于患者，应早发现、早诊断、早报告、早隔离、早治疗。接触者应接种麻疹活疫苗或丙球，并接受医学观察，必要时进行隔离。

2. 保持良好的个人卫生习惯，打喷嚏或咳嗽时应掩住口鼻，并妥善清理口鼻排出的分泌物；保持双手清洁，手被呼吸系统分泌物污染后（如打喷嚏后）要立即清洗。

3. 如果出现发热、红色皮疹、咳嗽等症状，要尽快到医院诊治。去医院就诊时应戴上口罩。

（三）水痘

水痘是由水痘-带状疱疹病毒引起的急性传染病，以全身性丘疹、水疱、结痂为特征。该病毒主要通过呼吸道飞沫和直接接触传播，易在学校等人员密集的机构造成流行传播。水痘患者是唯一的传染源，病毒存在于患者的上呼吸道和疱疹液中。水痘患者在发病前1~2天至皮疹完全结痂这段时间内均有传染性。人群对水痘普遍易感，任何年龄群均可感染水痘-带状疱疹病毒，以婴幼儿和学龄前、学龄期儿童发病较多。虽然成年人患水痘较为少见，但成年人感染水痘后病情表现更为严重，皮疹多而密集，可有高热、瘙痒明显等症状，易出现大疱、血疱及继发细菌感染。

水痘的预防措施：

1. 接种水痘疫苗是最有效的手段。

2. 尽量不要与水痘患者接触。

3. 养成良好的卫生习惯，勤洗手，保证室内空气流通。

4. 不去闷热潮湿的地方。

（四）肺结核

结核病是由结核分枝杆菌感染引起的慢性传染病。结核分枝杆菌可能侵入人体全身各种内脏器官，但主要侵犯肺部，故称为肺结核。肺结核最常见的症状是咳嗽、咳痰（持续咳嗽、咳痰2周以上就应高度怀疑患上了肺结核，应及时就医检查），还会伴有痰中带血、低烧、夜间出汗、午后发热、胸痛、疲乏无力、体重减轻等症状。肺结核病情隐匿，传染性强。肺结核病人通过咳嗽、咳痰、打喷嚏将结核分枝杆菌播散到空气中，健康人吸入带有结核分枝杆菌的飞沫即可能受到感染。

肺结核的预防措施：

1. 接种疫苗。我们国家的政策是给新生儿免费接种卡介苗，这可以有效预防儿童重症结核病的发生，但仍不能完全避免被传染。

2. 室内经常开窗通风，并保持干净整洁，尤其是人员密集的场所，如教室、集体宿舍等。

3. 外出时规范佩戴医用防护口罩。

4. 结核感染者一生发生结核病的概率为10%，发病与否与和体的免疫力密切相关，所以要养成良好的生活作息习惯，做到饮食均衡，劳逸结合，保证足够的睡眠和愉悦的心情，增强自身免疫力。

（五）流行性腮腺炎

流行性腮腺炎四季均有流行，以冬、春季常见，是儿童和青少年期常见的呼吸道传染病。其临床症状最初为头痛、发热，随后出现腮腺肿胀和疼痛，常先出现一侧肿大，然后另一侧相继肿大。该病主要经飞沫传播，也可以通过接触被污染的物品传播。

流行性腮腺炎的预防措施：

1. 接种腮腺炎疫苗或麻疹-风疹-腮腺炎三联疫苗。

2. 养成良好的个人卫生习惯，做到"四勤一多"：勤洗手、勤通风、勤晒衣被、勤锻炼身体、多喝水。

3. 避免与患病人员密切接触。

（六）诺如病毒感染

诺如病毒是一种肠道病毒，是引起成人和儿童急性胃肠炎最常见的病毒。诺如病毒具有传染性强、感染剂量低、排毒时间长、免疫保护时间短和全人群普遍易感等特点，学校、家庭、社区等人群聚集场所容易出现诺如病毒感染疫情。诺如病毒以粪-口途径传播为主，摄入患者粪便或呕吐物产生的气溶胶，或者摄入被患者粪便或呕吐物污染的食物或水，以及间接接触被患者粪便或呕吐物污染的环境物体表面都可能感染诺如病毒。

诺如病毒胃肠炎一般以轻症为主，最常见的症状是呕吐和腹泻，其次为恶心、腹痛、头痛、发热、畏寒和肌肉酸痛等。成人和儿童诺如病毒急性胃肠炎的症状有所区别，儿童以呕吐为主，成人则以腹泻居多。多数患者发病后2~3天即可康复。目前，针对诺如病毒尚无特异的抗病毒药和疫苗，其预防控制主要采取非药物性预防措施。

诺如病毒感染的预防措施：

1. 保持良好的手卫生是预防诺如病毒感染和控制诺如病毒传播最重要、最有效的措施。饭前便后应按照七步洗手法正确洗手，用肥皂和流动水至少洗20秒。需要注意的是，消毒纸巾和免冲洗的手消毒液不能代替洗手（按标准程序）。进行下列操作后应立即洗手：使用洗手间，换尿片，照顾病人，接触动物或清理动物粪便，处理未熟的食物，擦鼻涕、咳嗽或打喷嚏，处理垃圾，使用公共交通工具或设施等。进行下列操作前应立即洗手：准备或分发食物，进餐，照顾病人等。

2. 患病家人尽量不要和其他健康的家人近距离接触，尤其不要去做饭或照顾老人和婴幼儿。诺如病毒胃肠炎病人患病期间最好居家主动隔离至症状完全消失后2天（因为症状完全消失后患者还会少量排毒），避免传染给其他人，尤其是服务行业人员和集体机构人员。

3. 认真清洗水果和蔬菜，正确烹饪食物，尤其是食用贝类海鲜等易感染诺如病毒的食物前应将其彻底煮熟。

4. 发生诺如病毒胃肠炎聚集性疫情时，应做好全面消毒工作，重点对被患者呕吐物、粪便等污染的环境物体表面、生活用品、食品加工工具、生活饮用水等进行消毒。

（七）新型冠状病毒感染

新型冠状病毒感染是由新型冠状病毒引起的一种急性呼吸道传染病。它的传播途径主要是经呼吸道飞沫和密切接触传播，在相对封闭的环境中也可通过气溶胶传播。人具有普遍的易感性。其临床表现以发热、乏力、干咳为主，少数患者伴有鼻塞、流涕、咽痛、肌痛和腹泻等症状。其中，重型病例多在一周后出现呼吸困难症状，严重者快速进展为急性呼吸窘迫综合征、脓毒症休克、难以纠正的代谢性酸中毒、凝血功能障碍和多器官功能衰竭。也有患者症状不典型，比如部分轻症患者仅表现为低热、轻微乏力等，无肺炎表现。部分重型、危重型患者可表现为中低热，甚至无明显发热。部分儿童及新生儿病例表现为呕吐、腹泻等消化道症状，或仅表现为精神弱、呼吸急促。

新型冠状病毒感染的预防措施：

1. 尽量减少外出次数，出门时佩戴医用外科口罩或N95口罩。
2. 注意个人手部卫生，养成勤洗手的好习惯。
3. 勤开窗，保证室内空气流通。
4. 在日常生活中多吃蔬菜和水果，加强锻炼，以此来提高个人的免疫功能。
5. 接种新冠疫苗。

第五单元 校园管理

第一节 学生综合素质考核办法

第一部分 总则

第一条 为认真贯彻党的教育方针，大力推进素质教育，促进学生德、智、体、美、劳诸方面全面发展，把学生培养成有理想、有道德、有文化、有纪律的社会主义建设者和接班人，特制定本办法。

第二条 学生综合素质考核是一项十分慎重的工作，各系（部）要加强对该项工作的领导，及时沟通班级与学校有关部门的联系。

第三条 学生综合素质的考核以班级为单位，由班主任组织实施。考核结果公开排序，排序情况与奖惩挂钩。

第四条 根据考核需要，学生综合素质分为学期综合素质、学年综合素质、就业综合素质和毕业综合素质四种，其考核成绩均以相应的分值表示。

第五条 学生综合素质考核实行分段考核、综合评定。以学期作为考核单位得出的综合素质成绩即为学期综合素质成绩，它是计算其他综合素质成绩的基础。

第六条 学生综合素质考核包括德育考核、智育考核、体育考核和劳动考核共四个单项。单项考核实行考核期内奖励加分、违纪扣分制。符合加分或扣分条件时，累计计算加分或扣分，且上不封顶、下不保底。

第二部分 德育考核

第七条 德育考核成绩按下式计算：

$$德育考核成绩=基础分+加分+扣分$$

第八条 德育考核以 80 分作为基础分。

第九条 德育考核依照下列标准加分：

1. 见义勇为、无私奉献等事迹突出，在校外引起较大反响，受到媒体表扬或上级有关部门表彰者，根据情况每事例加 5~10 分。

2. 见义勇为、无私奉献等事迹较为突出，在校内引起较大反响，受到学校表扬或表彰者，根据情况每事例加 3~5 分。

3. 拾金不昧，价值在 500 元以上者加 5 分，价值在 500 元以下者加 1~4 分。

4. 一贯助人为乐、无私奉献者，每人加 3 分。

5. 被授予国家级、省部级、地市级、校级荣誉称号者，分别加 15 分、10 分、5 分、2 分。

6. 校级学生干部，根据考评分别加 5 分、3 分、2 分。

7. 系（部）级学生干部，根据考评分别加 4 分、2 分、1 分。

8. 班级学生干部，根据考评分别加 3 分、2 分、1 分。

9. 凡热爱集体、关心同学、为学校和班级建设做出突出贡献的未担任职务的同学，根据考评分别加 2 分、1 分。

第十条 校级学生干部的德育加分由学生工作处考评，系（部）级学生干部的德育加分由各系（部）考评，班级学生干部与未担任职务同学的德育加分由班主任考评。学生干部的工作业绩考评分"优秀、良好、称职、不称职"四档，各档各占适当比例，考评为"不称职"者不加分。担任较多职务的学生干部，只以其担任的最高职务实行加分考核，不累计考核加分。

第十一条 德育考核依照下列标准扣分：

1. 受到留校察看处分者，在处分期间扣 20 分。

2. 受到记过处分者，在处分期间扣 15 分。

3. 受到警告或严重警告处分者，在处分期间扣 10 分。

4. 受到学校通报批评者，每人每次扣 5 分；受到系（部）通报批评者，每人每次扣 3 分。

5. 违反校规校纪，未至学校通报批评或纪律处分者，每人每次扣 2 分。

6. 其他违纪行为，视其情节轻重扣 1~10 分。

第三部分 智育考核

第十二条 智育考核成绩包括理论课程成绩、实践课程成绩和能力运用情况三个方面。智育考核成绩按下式计算：

$$智育考核成绩 = \frac{\sum 理论（实践）课程成绩}{\sum 课程数} + 加分$$

第十三条 考核期内教学计划规定的全部理论学习内容，包括考试课程、考查课程、选修课程等，均属理论课程；考核期内教学计划规定的全部实践内容，包括入学教育、军事训练、实验、校内实习、校外实习、课程设计、实训练习、综合训练，均属实践课程。教学计划中，美育课列入智育考核范畴，体育课、劳动课不列入智育考核范畴而进行单独考核。考虑到毕业设计的特殊性，其成绩不作为考核期内实践课程进行智育考核，而通过换算记入毕业综合素质成绩。

第十四条　理论课程成绩与实践课程成绩均以教学管理处提供的成绩为准，以百分制记入智育考核成绩。凡以等级评定出的成绩，按下述方式换算成百分制：

1. 采取五等级制时，"优秀、良好、中等、及格、不及格"分别记为90分、80分、70分、60分、50分。

2. 采用四等级制时，"优秀、良好、及格、不及格"分别记为90分、80分、60分、50分。

3. 采取两等级制时，"合格、不合格"分别记为80分、50分。

第十五条　凡经正常补考后仍不及格的课程记为0分；经补考后及格的课程只记原正式考试成绩，即第一次考试实得分。

第十六条　实践课程因故无成绩，记为0分。

第十七条　能力运用奖励按下列标准加分：

1. 科研开发项目（产品或论文）获得国家级、省部级、地市级、校级奖者，每人每次分别加15分、10分、6分、4分。

2. 在国家级刊物、省部级刊物、地市级刊物、校刊等公开刊物上发表专题论文（文章）者，每人每次分别加8分、6分、4分、2分。

3. 参加学校组织的校以上级别的各类竞赛获得一、二、三等奖者，每人每次分别加5分、3分、2分。

4. 协助教师进行科学研究或产品开发并取得一定成果者，经项目主持教师提议，加2~4分。

5. 取得辅修专业合格证者加6分。

第四部分　体育考核

第十八条　体育考核内容包括体育课成绩、体育达标成绩、早操成绩和运动能力四项内容。体育考核成绩按下式计算：

$$体育考核成绩=\frac{体育课成绩\times1.2+体育达标成绩\times1.0+早操成绩\times0.8+运动能力\times1.0}{4}+加分$$

上式分子中的数字为各项在体育考核成绩中的权重系数。用上式计算体育考核成绩时，若缺少相应项，在分母中减去该项的权重系数。

第十九条　考核期内开设体育课，学生体育课成绩以教务处提供的成绩为准，以百分制记入体育考核成绩。凡以等级评定出的成绩，按本办法第十四条规定的方式换算成百分制。

第二十条　体育达标成绩以学校体育教研组组织的达标测试成绩为准，达标成绩由体育教研组提供。

第二十一条　由于身体原因体育课免修者，其成绩记为 60 分。

第二十二条　体育运动能力奖励按下列标准加分：

1. 参加国家级体育比赛，获得个人项目或团体项目前三名者，每人每次分别加 15 分、10 分、8 分。

2. 参加省部级体育比赛，获得个人项目或团体项目前三名者，每人每次分别加 10 分、8 分、6 分。

3. 参加市级体育比赛，获得个人项目或团体项目前三名者，每人每次分别加 6 分、5 分、4 分。

4. 参加校田径运动会，打破个人或团体项目纪录者，每人每次加 6 分。

5. 参加校田径运动会，获得个人或团体项目比赛前六名者，每人每次分别加 5 分、4 分、3 分、2 分、1 分、1 分。

6. 参加学校组织的个人或团体项目比赛，如足球、篮球、排球、乒乓球、羽毛球等，获得前三名者，每人每次分别加 4 分、3 分、2 分。

第五部分　美育考核

第二十三条　美育考核成绩包括音乐课成绩、书法课成绩等艺术类课程成绩。美育考核成绩按下式计算：

$$美育考核成绩 = \frac{\sum 艺术类课程成绩}{\sum 课程数} + 加分$$

第二十四条　艺术能力奖励按下列标准加分：

1. 参加国家级艺术类比赛，获得个人项目或团体项目前三名者，每人每次分别加 15 分、10 分、8 分。

2. 参加省部级艺术类比赛，获得个人项目或团体项目前三名者，每人每次分别加 10 分、8 分、6 分。

3. 参加市级艺术类比赛，获得个人项目或团体项目前三名者，每人每次分别加 6 分、5 分、4 分。

4. 参加学校组织的艺术类评比，获得一、二、三等奖者，每人每次分别加 4 分、3 分、2 分。

5. 参与班级黑板报设计制作，主要负责人加 4 分，参与人员加 2 分。

6. 参与学校艺术类社团，负责人加 4 分，成员加 2 分。

第六部分　劳动考核

第二十五条　劳动考核综合劳动态度和加分、扣分。劳动考核成绩按下式计算：

劳动考核成绩=劳动基础分+加分+扣分

第二十六条　环境卫生评比和宿舍评比由学生工作处负责评定，并及时通报各系（部）。

第二十七条　学生劳动基础分统一按80分计。

第二十八条　劳动奖励按下列标准加分：

1. 参加有关部门组织的劳动，表现特别突出并受到学校表扬者，每人每次加2分。

2. 被评为校级"文明宿舍"，宿舍成员每次加2分，寝室长每次加3分。

3. 被评为校级"星级宿舍"，宿舍成员每次加1分，寝室长每次加2分。

第二十九条　劳动考核按下列标准扣分：

1. 参加有关部门组织的劳动，劳动态度不好、表现不积极、工作敷衍了事者，每人每次扣5分。

2. 不热爱劳动，态度消极，不愿接受劳动任务者，每人每次扣5分。

3. 被评为"低分宿舍"或"较差宿舍"，宿舍成员每次扣2分，寝室长每次扣3分。

第七部分　综合素质成绩的计算

第三十条　学期综合素质成绩按下式计算：

$$学期综合素质成绩 = \sum（单项考核成绩 \times 权重）$$

式中，德育、智育、体育、美育、劳动考核成绩的权重分别为20%、20%、20%、20%、20%。

第三十一条　学年综合素质成绩按下式计算：

$$学年综合素质成绩 = \frac{第一学期综合素质成绩+第二学期综合素质成绩}{2}$$

第三十二条　就业综合素质成绩按下式计算：

$$就业综合素质成绩 = \frac{\sum 学期综合素质成绩}{学期数}$$

第三十三条　毕业综合素质成绩按下式计算：

$$毕业综合素质成绩 = \frac{\sum 学期综合素质成绩}{学期数}$$

第八部分　附　则

第三十四条　本办法由学生工作处负责解释。

第三十五条　本办法自发布之日起实施。

第二节 学生自主管理委员会章程（试行稿）

第一部分　总　则

第一条　为进一步促进学校民主教育管理，发扬以学生为主体的自主管理、自我教育、自主发展模式，培养学生的参与意识，造就一批会关心、会负责、能管理、能创新、具有健全人格的高素质全面发展的人才，特制定本章程。

第二部分　机构设置与职责

第二条　学生自主管理委员会的机构构成：

领导小组：

组长：德育副校长。

副组长：学工处主任。

组员：安保处主任、学工处副主任、各系（部）学工主任、校团委书记。

学生自主管理委员会的构成分三个层次：① 校级学生自主管理委员会；② 系（部）学生自主管理委员会；③ 校园维护自主管理委员会。

第三条　学生自主管理委员会的职能：

1. 主席团职责：

（1）负责学生自主管理委员会的全面工作，制订学生自主管理委员会的重大方案，策划主要活动，协调各部工作。

（2）讨论制订学生自主管理委员会的工作计划，决定布置各项工作。

（3）指导各部认真开展工作，检查各部工作开展情况。

（4）组织每周五下午的部际联席会议，总结本周工作，安排布置下周工作。

（5）每周一负责在全体会议上总结上周工作，安排布置本周工作。

（6）每周五下午汇总各部扣分情况，进行"文明班级"评比。

2. 校级学生自主管理委员会由学工处直接领导，分设六个职能部门，其职责如下：

（1）宣传部职责：

① 及时宣传时事新闻、校内新闻，报道校园文化生活，配合做好校园广播工作。

② 检查每月一次的主题黑板报等工作。

③ 协助学工处组织开展各种文体活动，丰富活跃校园文化生活，陶冶同学们的情操。

(2)生活部职责：

① 协助后勤处、学工处分配好校园劳动、志愿者公益劳动等任务并监督检查劳动质量和数量，统筹划分安排好突击性和临时性的劳动、卫生任务。

② 每周三检查各班大扫除情况，不定时检查清洁保持情况，对乱丢乱扔行为进行监督。

(3)纪检部职责：

① 负责全校同学纪律情况、团活动的检查、评比及违纪处理工作，召开各系（部）纪律委员会议，总结全校各班同学的违纪情况，发生重大违纪事件立即报告学工处。

② 协助学工处做好日常行为规范的检查工作，如仪容仪表、服饰、发型、吸烟、手机、男女生过密接触等。每天、每周1~2次不定时抽查，对重点部位严看死守。

③ 检查学生三餐就餐秩序、纪律以及违纪情况。

④ 不定时巡查学生课余时间违纪情况。

(4)宿管部职责：

① 负责住校生的日常管理，每天检查住校生的就寝纪律、寝室清洁卫生的打扫与内务的整理情况以及住校生的归寝情况。

② 开展"文明寝室"的评比活动。

③ 负责协调学生学习与生活的关系，监督校风校纪的执行情况，定期进行违章、违纪检查，同时为各项活动提供后勤服务，做好放学时间的执勤工作等。

(5)团务部职责：

① 负责学校团委日常工作。

② 负责团费的收取、团员档案的管理工作。

③ 开展社团活动。

(6)组织部职责：

① 负责组织青年志愿者活动。

② 负责考核各部工作人员。

3. 系（部）学生自主管理委员会由系（部）直接领导，分设八个职能部门，其职责如表5-1所示。

表5-1 系（部）学生自主管理委员会职责

部门	工作内容及职责	备注
宣传部	负责系（部）德育工作的宣传	
纪检部	对接系（部）老师发放和收取材料、出勤记录	部门报表核对

续表

部门	工作内容及职责	备注
学习部	系（部）学生会内部工作安排、早操查楼、志愿者信息录入	各部门积极配合
生活部	系（部）所有班级晚自习检查	所有住宿生归生活部管理
卫生部	系（部）班级卫生检查	
6S部	系（部）班级6S及眼保健操检查	
体育部	系（部）跑操引导及检查	
文化部	系（部）黑板报及班级日志检查、策划活动	辅助体育部跑操管理

4. 校园维护自主管理委员会职责：

（1）严格执行国家法律法规和学校各项规章制度，维护校园治安秩序。积极主动配合学校安保处，做好校内的治安防范工作。

（2）做好值班巡逻工作，重点巡查教学区、运动区安全。严守岗位，认真负责，勤巡逻、勤执勤、勤检查，对重要地段、重点时段等进行重点查看，做好值班记录，发现有不利于安全的现象要及时制止并报送学校及公安机关处理。

（3）维护校园安全和秩序稳定，敢于同扰乱学校教育教学秩序的人和事做斗争。

（4）做好校园安全信息收集报送工作。及时了解安全动态，并及时向学校领导报告，重大、突发情况要随发随报。

（5）协助开展校园安全宣传工作和突发事件应急处置工作。

（6）做好学校交办的其他工作。

第四条 学生自主管理委员会的工作要求：

1. 作为学生自主管理委员会成员，首先要有责任心。参与学生自主管理不仅是一种荣耀，也是一种责任。要本着对学校负责、对同学负责的态度，帮助全校树立良好的班风和浓厚的学风。这也是对自己管理能力和民主参与意识的一种培养。

2. 作为学生自主管理委员会成员，要做到"公平、公开、公正"。只有这样，才能在同学中树立威信，才能得到同学的认同。

3. 作为学生自主管理委员会成员，要有恒心和毅力，要充满工作热情，要坚持不懈、持之以恒。

4. 每个职能小组要经常召开本小组成员会议，相互交流本班的情况，相互学习各自的管理经验并做好记录。

第三部分　工作方法

第五条　引导学生进行自主管理要注意：

1. 充分做好有关宣传发动工作，加深学生对自主管理的认识。自主管理是指学生自己管理自己，培养自己的自制自理能力，不是自由行动，更不是放任自流。

2. 引导学生把握好自主管理的各个环节，促进自主管理的顺利实施。

3. 引导学生形成竞争机制。通过学生个体之间、部门之间、系（部）之间开展的各方面的竞赛活动，培养学生敢于挑战和敢于应对挑战的勇气与智慧，激发学生自主管理的积极性和创造性。

4. 引导学生协调好各方面的关系。引导学生处理好同学关系、师生关系，学会与人相处；引导学生处理好个人与集体的关系，培养其集体主义精神；引导学生处理好集体与集体的关系，培养学生的集体协作能力和大局意识。

5. 在学生实施自主管理时应做好指导工作，同时尽可能地创设各种情景让学生进行自主管理。

6. 通过多变、新颖的方式方法激发学生进行自主管理的积极性。引导学生不断采用新的形式，开展丰富多彩的活动，培养学生的创新精神。

第四部分　奖惩条例

第六条　评价激励模式：

1. 对于学生自主管理委员会成员，在每学期结束将予以表扬；学校在评比优秀学生、优秀班团干部、先进个人等活动中对其予以优先考虑，表现突出者将考虑推荐参加市级优秀班团干部评选；在毕业生鉴定中予以特别注明。

2. 创新模式：

（1）增加受表彰学生产生渠道：自荐、推荐、考察等。

（2）增加受表彰项目：个人、部长、各层次干部和各部门等。

（3）增加评价方式：述职、演讲、公开投票等。

（4）增加展示机会：提供各种平台，充分发挥学生的能动性和创造性。

第七条　惩罚措施：

学生自主管理委员会成员有失职行为的酌情扣班级量化得分1至2分。

第八条　学生自主管理委员会成员在工作学习期间如有重大违纪或工作失职，将进行停职处理。

第五部分　附　则

第九条　本章程解释权属于校学生工作处。

第三节 学生会干部管理规范

第一部分 总则

为了提高学生会干部的思想政治素质、工作能力和工作效率，建设一支优良的学生骨干队伍，更好地发挥学生会的桥梁和纽带作用，真正体现"团结进取、求实创新、服务同学"的宗旨，特制定本规范。

第一条 学生会干部要有较高的思想觉悟和良好的品德修养。

1. 要热爱祖国，热爱中国共产党，坚持四项基本原则，坚持党的路线、方针、政策。

2. 要严于律己，言行一致，自觉遵守社会道德规范、国家法律法规和校纪校规，处处以身作则，时时率先垂范。

3. 要有认真负责的态度，解放思想，实事求是，善于倾听各种意见，密切团结广大同学，具有进取精神。

4. 要虚心接受广大师生合理的工作建议，不断创新工作方法，提高工作能力。

5. 要有"服务同学"的强烈意识，不允许有任何脱离和凌驾于广大同学之上的行为。

第二条 学生会干部要有较强的工作能力和良好的工作作风。

1. 要全心全意为同学服务，善于批评和自我批评。

2. 要有强烈的责任心和吃苦精神，勇于并善于完成各项工作任务。

3. 要从实际出发，增强民主意识和创新精神。

第三条 学生会干部要勤奋学习，学习成绩良好。

第四条 学生会干部按照民主集中制的原则在公开公平的前提下，采取推荐、自荐、公开招聘等形式产生，并坚持"能者上，庸者让，不能者下"的聘任原则。

第二部分 人事制度

第五条 关于学生会干部的权利和义务的具体规定：

1. 学生会干部应享有下列权利：

（1）非正当事由和非经规定程序不被免职、降职、辞退或者受其他处分。

（2）获得履行职责所应有的权利。

（3）对学生会干部的工作提出批评和建议。

（4）向上级部门提出申诉。

（5）依照本制度的规定辞职。

2. 学生会干部应履行下义务：

（1）遵守法律，遵守校纪校规，努力学习，积极工作。

（2）密切联系同学，倾听同学意见，接受同学监督，努力为同学服务。

（3）维护学校荣誉和利益，保守学生会工作秘密。

（4）忠于职守，勤奋工作，尽职尽责，服从命令。

（5）公正廉洁，克己奉公。

第六条　关于学生会干部录用的具体规定：

1. 学生会录用新的学生会干部时，须由主席团讨论并经学生工作处批准。

2. 学生会干部录用采取班级或系部（职能部门）推荐、学生自荐、直接选举产生和公开招聘等方式。

3. 担任校学生会部长级以上（包括副部长）职务的学生，为了保证精力的投入和工作的顺利进行，原则上不得兼任各系（部）学生会及其他学生团体负责人。特殊情况，须由主席团讨论并经学生工作处批准。

4. 学生会新干部须经一定的试用期，由主席团决议后正式录用。

5. 各系（部）学生会干部根据各自的规定，录用结果须报学生会秘书处备案。

第七条　关于免职制度的具体规定（有以下情况之一者做免职处理）：

1. 违反国家法令、学校规章制度，并造成不良影响者。

2. 不团结，相互拆台，使工作不能顺利开展者。

3. 以职权谋私利，在同学中造成恶劣影响者。

4. 不能胜任本职工作，影响正常工作开展者。

5. 从事与学生会干部身份不符的活动，损害学生会声誉者。

第八条　关于辞职的具体规定：

1. 一学期有三门以上（含三门）功课不及格者须自动辞职。

2. 会议、活动中病假、事假累计超过 10 次（含 10 次）者须自动辞职。

3. 每学期在各类会议、活动中无故缺席三次以上（含三次）者须自动辞职。

4. 违反校纪校规，情节严重，被学校通报批评或纪律处分者须自动辞职。

5. 学期综合素质考核总评低于 70 分者须自动辞职。

6. 因正当理由需要辞职的，递交辞职书，经主席团批准后方可辞职。

7. 以上规定考核以秘书处备案为准。

第九条　关于学生会干部工作调动的具体规定：

1. 部长（包括副部长）的工作调动须经主席团通过、学生工作处批准，具体实施由秘书处负责。

2. 担任部长级以下（不包括副部长）职务的学生会干部的工作调动，首先要经原工作部门部长同意，再向主席团提出申请，经批准后，具体实施由秘书处负责。

第三部分　职能部门职责规定

第十条　为明确学生会各职能部门的职责，保证学生会各部门的正常运转和整体配合，现分工如下：

1. 秘书处工作职责：

（1）协调各部门之间的关系。

（2）负责内部制度的制定和实施。

（3）配合做好主席团的日常事务。

（4）负责学生会的档案管理。

（5）组织学生会的内部活动。

（6）收集反映广大同学的要求，做好学生的宣传工作。

（7）做好各部门的评比工作。

（8）收集各部门的活动、例会记录并备案。

2. 纪检部工作职责：

（1）在校园内维护学校环境，监督学生的行为习惯。

（2）控制和打击在校学生抽烟、酗酒等方面的违纪行为。

（3）提高在校学生的自控能力。

（4）坚决反对、制止校外人员或在校学生在校内进行违纪活动。

（5）协同配合其他职能部门的工作。

（6）定期举行安全知识讲座。

3. 学管部工作职责：

（1）配合宿舍管理人员搞好宿管工作。

（2）组织各寝室人员搞好宿管工作。

（3）配合保卫部制止学生在宿舍内进行违纪活动。

（4）检查上报（反映）各种宿管安全隐患。

4. 生活部、伙管部工作职责：

（1）维护校园环境，检查各班的清洁卫生情况，并及时反映各种卫生问题。

（2）配合后勤服务处膳食部门工作，负责伙管会工作，及时反映学生对生活方面的意见和要求，维护食堂就餐秩序和食堂卫生。

（3）负责定期主办专栏，宣传卫生知识。

（4）配合校医务室预防各种疾病，并及时向上级反映。

5. 学习部工作职责：

（1）主动与教学管理处联系，配合做好教学工作，协同各教研组开展各类活动，收集学生对教学的意见和要求并及时反映。

（2）检查课堂纪律及出勤情况，定期汇总材料。

（3）了解全校学生的学习动态，组织学习经验交流。

（4）配合课堂教学，根据学校实际情况及学生的要求，举办各种学习活动。

6. 女生部工作职责：

（1）关注女生的日常生活。

（2）解决女生在生活、生理、心理、学习等各方面的困惑。

（3）指引女生在人生道路上树立正确的目标，使她们树立正确的人生观、价值观，懂得自尊、自爱、自信、自强，并在学习生活中找到自身的正确定位，拥有快乐的校园生活。

7. 体育部工作职责：

（1）协助有关部门举办各项体育比赛活动。

（2）组织开展健康有益的体育活动。

（3）组织学校的各类大型集会，配合其他部门的工作。

8. 宣传部工作职责：

（1）组织全校宣传委员宣传党的路线、方针、政策和校纪校规。

（2）组织宣传学校新人、新事、新风尚。

（3）组织、督促各宣传委员及时收集广播稿，并做好统计及上报工作。

（4）负责督促各班出好黑板报、墙报等宣传刊物，定期进行抽查。

（5）根据学校安排，负责完成其他宣传工作（如文艺晚会、重大节庆日、迎新及毕业活动等的宣传工作）。

9. 文娱部工作职责：

（1）负责制订本部门的学期工作计划并在学期末进行总结。

（2）负责组织发动同学积极参加各项文娱活动，并做好校文艺晚会节目的排练、选送和演出。

（3）办好每学年的迎新晚会和毕业生欢送晚会。

10. 外联部工作职责：

（1）促进学校与社会的联系，与外界企业建立良好合作关系，把社会信息引入我校，把学校的特色活动推广到社会，达到丰富广大同学的课余生活，开阔同学们的视野，加强同学们与社会之间的联系、交流的目的。

（2）在学生会内部协助各部门创新，联络尽可能多对社会有积极意义的活动，使青年志愿者实现"服务社会，实践自我"的愿望。

（3）通过寻找联络赞助的方式为学校开展活动提供一定的资金支持。

11. 社团部工作职责：

（1）负责学生社团成立的审批。

（2）负责指导和管理学生社团，坚持正确的政治方向，随时向学生工作处汇报学生社团活动，并负责指导学生社团联合会的工作。

（3）组织和协调全校社团组织的日常工作。

（4）负责社团的年度注册及统一社费收缴，统一招生。

（5）负责学生社团的重新登记审批和评优表彰工作。

（6）加强自身建设，立足校园，逐步走向社会，服务社区，提高知名度，扩大影响力。

（7）负责同其他兄弟学校学生社团的联系工作。

（8）负责召开各社团社长会议，总结布置社团工作任务，交流工作经验。

（9）总结推广社团工作的典型经验，宣传在社团的各项活动中涌现出来的先进人物及先进事迹。

第十一条　学生会各职能部门必须协同配合，其负责人要协调好关系，不得互相拆台。

第十二条　学生会各职能部门实施部长（秘书长）负责制、副部长（秘书）分管制。其工作职责任务必明确并落实。

第四部分　会议制度

第十三条　关于学生会会议具体类型的具体规定：

学生会会议可分为学生会全体委员会议（学委会会员扩大会议）、主席团会议、部长会议和各类小型会议。

1. 例会：

（1）学生会全体委员会议每学期召开两次：第一次会议在每学期开学两周内召开，安排新学期的学生会工作任务、计划；第二次会议在每学期学期结束时召开，总结本学期学生会工作（具体会议时间由主席团决定）。

（2）主席团会议每两周召开一次，会议由校学生会主席主持。

（3）部长会议每两周召开一次，会议由秘书处安排。

（4）各职能部门的例会由负责人组织确定，但各部（处）每月必须召开一次民主生活会，各部人员都必须参加，主席团派代表列席。要求学生干部每次都要在会上对自己一个月来或近期的工作进行总结，以恰当的形式开展批评与自我批评，融洽学生干部之间的关系。

2. 非例行会议：由会议组织者负责，包括各类小型会议。

第十四条　关于会议通知的具体规定：

1. 例会时间由各相关部门于学期初确定，报秘书处备案。例会一经确定无变故，一般不另行通知，各相关人员应按时到会。

2. 关于非例行会议，全体委员会议由秘书处负责，通知到各相关部门负责人，再由部门负责人逐个通知；各部门会议由各部门负责通知。

第十五条　各类会议必须安排专人负责与会人员的签到，或者于会议前点名，并做好记录。

第十六条 关于会议进行期间的具体规定：

1. 参会人员应保持严肃，不得打开通信工具，不得大声喧哗及谈论与会议无关的内容。

2. 不得看与会议无关的书籍、报纸等，不得做与会议无关的事。

3. 无特殊情况，会议时间不得超过 1 小时。

4. 记录会议由专人负责，一式两份，会后一份交秘书处存档，一份自留。主席团会议、全体委员会议、部长会议的记录由秘书处负责人存档。

第十七条 关于会议制度的其他具体规定：

1. 确有原因不能参加会议者，应于会前向会议召集人做书面请假，请假手续交予秘书处。

2. 会议应到人员无故缺席，将由秘书处追究相关责任人的责任。

第四节 班主任助理管理规范

依据《江苏省职业学校学生管理规范》，为了加强学生行为规范养成训练，建立健全学生自我教育、自我管理、自我服务、自主学习、持续发展的教育、成长机制，培养、提高学生的实际工作能力、团队观念和责任意识，维持正常的教育教学秩序，营造良好的校园氛围，制定班主任助理管理规范。

一、班主任助理选聘

班主任助理由班主任从现任班级优秀学生干部中推荐，经系（部）审核、学生工作处审批后进行全校公示，培训合格后由学校颁发聘任书，佩戴班主任助理胸牌上岗。原则上每班选聘班主任助理 2 名（男、女各 1 名），聘期为一学期。

二、班主任助理职责

1. 模范遵守学校和班级规章制度，在班集体中有一定的群众基础，工作能力强。

2. 协助班主任开展各项管理工作，及时了解并反馈学生思想动态、特殊行为，及时纠正、制止学生不良行为，并进行教育引导。

3. 班主任不在学校期间，自觉履行相关班主任工作职责，维持班级正常教育教学秩序。

三、班主任助理考核

依据班主任助理的工作实际，学期末由班主任老师提出考核意见，系（部）审核，学生工作处组织评选优秀班主任助理，颁发荣誉证书，并在学生成绩册奖惩栏目中记录。

第五节 班干部设置与工作职责

为加强班级建设，发挥班委会及班委的核心领导作用，使其各负其责，各尽所能，调动其工作的积极性，使班级工作有条不紊地进行，特制定此工作职责。

一、班委会工作职责

1. 配合班主任教育学生努力学习，组织有关学习活动，介绍学习方法，交流学习经验，帮助同学解决学习中的困难，完成学习任务，提高学习质量。
2. 协助班主任和任课老师教育学生增强组织性、纪律性，遵守学校和班级规章制度，保证各项规定和措施顺利实施。
3. 协助班主任组织学生参加各种有意义的活动，提高政治觉悟、道德水平和各种能力，增强劳动观念。
4. 组织学生开展各种文体活动，丰富文化生活，保持身心健康。
5. 关心全班同学的生活，团结友爱，互相帮助，帮助家庭困难和学习基础差的同学解决学习和生活中的困难，共同进步。
6. 维护学生正当权益，反映学生建议、意见和要求，促进同学之间、同学与教职工之间的团结。
7. 坚持原则，敢于跟不良思想和行为做斗争，自觉维护集体荣誉。
8. 协助班主任组织好班会，经常开展批评与自我批评。
9. 组织填写各种表册，做好各项考核指标的记录与统计工作。

二、班委工作职责

(一) 班长职责

1. 在班主任的直接领导下，全面负责班级工作。
2. 指导和协助其他班委开展工作，领导小组长工作。
3. 主持召开班委会会议，研究、讨论班级工作，并定期向班主任汇报班级情况，提出意见和建议。
4. 做好各项记录和统计工作，指导值日班长填写"班级日志"并进行检查，组织考评值日班长。

（二）副班长职责

1. 配合班长工作，班长不在时接替班长工作，履行班长职责。
2. 严格把好"考勤"关，认真填写"学生点名册"。
3. 做好"班级学生考核表"中"出勤"项的记录与统计工作。
4. 组织班委统计和填写"班级学生考核表"。

（三）学习委员职责

1. 掌握全班同学的学习情况，及时向班主任和科任教师反映问题，组织好评教评学活动。
2. 组织交流学习经验，解决同学学习中的困难。
3. 及时收交和发放作业，并做好记录。
4. 做好"班级学生考核表"中"交作业次数"等项的记录与统计工作。

（四）劳动委员职责

1. 组织和安排学生参加大扫除劳动，做好检查、记录和评分工作，完成劳动任务。
2. 安排教室值日生，检查教室卫生情况，协助值日组长进行评分。
3. 搜集和反映同学们的饮食和住宿等生活情况。
4. 协助小组长做好大扫除后的"劳动积极"评比工作，并做好记录。
5. 管理和组织维修劳动工具。
6. 做好"班级学生考核表"中"劳动"项的记录和统计工作。

（五）文艺委员职责

1. 组织班级文艺活动，排练文艺节目。
2. 组织安排同学办好班级学习园地、板报，宣传班上的好人好事。
3. 管理好班级报刊和书籍。
4. 做好"班级学生考核表"中"课外活动"项的记录和统计工作。

（六）体育委员职责

1. 协助体育老师上好体育课及做好体育达标检查。
2. 组织同学做好课间操并记录与统计。
3. 组织安排班级课外体育活动，认真带队参加学校组织的各项体育运动。
4. 管理好班级的体育器材。

（七）纪律监察委员职责

1. 监察督促班干部完成各项工作，协助其他班干部维持班级纪律。
2. 记录各种违纪情况，发现情况及时向班主任报告。
3. 做好"班级学生考核表"中"影响课堂纪律""违反其他纪律"项的记录与统计工作。

第六节 团干部设置与工作职责

团支部是学校团组织的基层单位，它同广大团员有着最直接、最广泛的联系，是团的各项工作的终端显示和窗口。

一、团干部设置

团支部一般设团支部书记、组织委员、宣传委员，并设有若干团小组。团小组设组长一人。

二、团干部工作职责

根据工作实践，结合学校团工作的特点，团干部工作职责如下：

（一）团支部书记职责

团支部书记处在团的基层建设的最前沿，是团支部委员会的核心人物，对团支部的工作负全面责任。其主要职责是在团支部委员会的集体领导下，按照支部团员大会、支委会的决议，负责组织团支部的经常性活动和主持团支部的日常工作。

1. 负责召集支委会和支部团员大会，研究安排支部的工作，将团支部工作中的重要问题及时提交支委会和支部团员大会讨论，检查支部大会决议的执行情况，按时向支部大会汇报工作。

2. 参加上级团组织召集的有关会议，及时传达贯彻上级党团组织的决议、指示、通知，代表支部向上级党团组织请示汇报工作。

3. 抓好支委会自身建设，负责召开民主生活会，加强集体领导，充分发挥支委会的集体作用，主动协助其他支委做好工作。

4. 了解掌握团员青年的思想、学习和工作情况，发现问题及时解决，做好经常性的思想政治工作，及时、准确地向党政部门反映团员青年的意见和要求，代表和维护他们的利益，为他们办实事。

5. 主持制订团支部学期工作计划，检查计划的执行情况，做好学期工作总结，并报告上级组织和本支部全体团员。

6. 同班长及班委会其他成员保持密切联系，经常交流情况，互相促进，互相支持，并配合班长做好班级的有关行政管理工作。

7. 主持年度团支部改选工作，并对下届团支部工作提出建议，做好与下届支委在工作、文件、簿册、资料等方面的交接工作。

(二) 组织委员职责

组织委员主要做好支部的组织建设和组织管理工作。

1. 了解和掌握团员的思想、学习、生活和工作情况，向支委会提出对团员进行表扬、表彰、奖励、批评、教育、纪律处分的建议。

2. 协助团支部书记提出组织生活活动方案，做好组织生活的考勤工作，对无故迟到、早退、缺席的团员提出处理意见。

3. 负责对要求入团青年的培养、教育和考察工作，提出发展新团员意见，具体办理上级吸收新团员的手续，同时做好优秀团员入党的推荐工作。

4. 做好团内文件管理工作，负责"团支部工作手册"的使用与保管；管理好团员花名册，做好年度统计工作。

5. 根据需要，提出团小组的划分和调整意见，检查和督促团小组过好组织生活。

6. 按时收缴团费，做好接转组织关系、办理超龄团员离团手续等。

7. 办理团员证发放手续，做好团员证的使用管理和年度团籍注册工作。

(三) 宣传委员职责

宣传委员主要做好团支部宣传教育工作，以及组织文娱、体育活动。

1. 了解团员青年的思想情况，提出思想教育、宣传工作的计划和建议，并负责具体实施。

2. 根据学校和上级党团组织要求，组织形势教育、政治理论和团的基本知识学习。

3. 针对团员青年思想实际，组织各种形式的教育活动，办好墙报，组织团课、报告会。

4. 组织团员青年阅读团报、团刊，负责管理相关报刊。

5. 做好支部工作的通讯报道和宣传工作，扶植和弘扬正气，批判和制止邪气。

6. 组织开展各种形式的文体活动，丰富团员的课余文化体育生活，发现和培养文体骨干，完成学校交给的有关文体方面的任务。

第七节　公益义工管理规范

依据《江苏省职业学校学生管理规范》，为了加强学生行为规范养成训练，培养、提高学生自我教育、自我管理、自我服务的能力，培养、提高学生的劳动观念、责任意识和奉献精神，保证正常教育、教学秩序，营造良好的校园氛围，制定公益义工管理规范。

1. 公益义工招募：

各系（部）根据实际工作需要，每周招募 10 人，并负责组织开展相关活动。

2. 公益义工职责：

（1）负责打扫各系（部）相关教学楼楼梯、环境卫生包干区等区域卫生，及时清理相关区域内垃圾杂物，确保校园环境卫生整洁。

（2）负责完成其他临时、突击性劳动和服务任务。

（3）工作时间为每天上午第一节课前、午间、放学后至晚自习之前。

3. 公益义工每周轮替，确定组长 1~2 名，每周五上午由系（部）确定人选并将名单报送学生工作处备案。依据实际情况，由学生礼仪督察和学生工作处实行量化考核（每组每周 100 分以内），落实到班主任工作量化考核奖励加分项目。

4. 公益义工在学生成绩册奖惩栏目中记录，并根据实际表现，允许申请免去参加活动之前的行为规范扣分（一次申请限 5 分以内）。免去扣分在第二个月时落实到班主任工作量化考核行为规范项目。

第八节 学生礼仪督察规范

依据《江苏省职业学校学生管理规范》，为了加强学生行为规范养成训练，建立健全学生自我教育、自我管理、自我服务、自主学习、持续发展的教育、成长机制，规范学生日常行为管理，保证正常的教育教学秩序，营造良好的校园氛围，制定学生礼仪督察规范。

1. 学生礼仪督察招聘：

学生礼仪督察由各系（部）按照学生工作处制定的相关规章制度提前一周在各类学生干部中招聘产生，经学生工作处培训合格后佩戴学生礼仪督察胸牌上岗。日常工作由学生工作处指导学生会组织落实。

2. 学生礼仪督察职责：

（1）在相关固定岗位督察学生出勤、胸卡佩戴、校服穿着、卫生等日常行为规范，迎送老师、来宾。

（2）在学生用餐、晚自习和其他课余时间，协助值班老师巡查校园秩序，督察学生日常行为规范，有权依据相关规章制度纠正学生一切不良行为，并按规定实行量化加分或扣分。

（3）督察各班级、系（部）环境卫生，考核各系（部）公益义工工作质量，提出奖励加分意见；根据礼仪服务纠违情况，提出量化扣分意见。

（4）工作时间为每天上午 7:30 至第一节课前、午间（上午第四节课提前下课）、放学后至晚自习结束，周日下午 3:00 前到校。

3. 学生礼仪督察每组 20 人［其中每个系（部）5 人］，每月轮换。每组产生正、副组长各 1 名，负责任务分解、组织协调、内部考核及工作日志记录。

4. 学生工作处根据学生礼仪督察工作实际，实行量化加分考核（每人每月 50 分以内），落实到班主任工作量化考核奖励加分项目，并在学生成绩册奖惩栏目中记录。

第九节　学生礼仪服务规范

依据《江苏省职业学校学生管理规范》，为了加强学生养成训练，培养和提高学生自我教育、自我管理、自我服务和自主学习的能力，规范学生日常行为管理，保证正常的教育教学秩序，营造良好的校园氛围，制定学生礼仪服务规范。

1. 学生礼仪服务由各系（部）按照学生工作处制定的相关规章制度，每周安排相关班级组织实施。

2. 礼仪服务班级原则上每天上午第一节课、第四节课停课，其他时间无特殊情况应保证按课表正常上课。学生工作时间从上午 7:30 至晚自习开始。

3. 礼仪服务第一责任人为相关班主任，在不影响正常上课的前提下，具体负责落实本班各项礼仪服务工作，学校据此给予一定的工作津贴。相关系（部）学工主任负责指导、督查礼仪服务。

4. 礼仪服务固定岗位人员：东校门 4 人，南校门 2 人，行政楼 2 人，学生宿舍前小桥旁 2 人，图书馆后 2 人，学生餐厅（1 和 2）各 10 人。其他学生负责清运垃圾、环境卫生保洁、学生常规巡视督察。

5. 礼仪服务职责：

（1）佩戴胸卡和礼仪服务标志，在相关固定岗位督查学生出勤、胸卡佩戴情况，迎送老师、来宾。

（2）打扫公共区域卫生，巡视督察学生常规，在学生用餐期间维持餐厅秩序。

（3）在礼仪服务期间有权依据相关规章制度纠正学生一切不良行为，并按规定要求记录违规学生信息，送礼仪督察或学生工作处实行量化扣分。

（4）发现学生重大违纪行为和其他偶发、突出事件，及时向值班老师汇报。

6. 学生工作处、系（部）根据各班学生礼仪服务质量实行量化考核，落实到班主任工作量化考核奖励加分项目。

第十节　学生仪容仪表规范

为了加强学校管理，培养学生健康的审美情趣和正确的判断选择能力，规范学生仪容仪表，创建文明校园，促进良好校风形成，依据《中小学生守则》和《中学生日常行为规范》有关规定，对中学生仪容仪表要求如下：

一、仪容仪表总体要求

整洁、大方、朴素、得体，符合中学生身份。

二、仪容仪表细则

(一) 学生发型要求

1. 男生发型：

（1）不染发、不烫发、不理奇异发型、不留长发、不理碎发、不剃光头。

（2）具体要求：

前额：流海的发梢不超过眉毛，能清楚地看见眉毛。

两侧：不蓄鬓角，两侧的发梢不盖住耳朵。

脑后：头发不长过衣领。

2. 女生发型：

（1）不染发、不烫发、不披发、不束怪发、不理碎发、不梳怪发型。

（2）具体要求：

前额：流海的发梢不超过眉毛，不蓄斜剪式等特殊流海。

两侧：两侧的发梢不盖住耳朵，鬓角的长发可用发卡别住或夹在耳后。

(二) 学生服饰要求

1. 着装干净、整洁、规范。

（1）学生在校期间，须穿着全套校服，体育课、晚自习、宿舍内和须换装的实践课除外。

（2）穿着要整洁干净，衣领翻好，扣子扣齐，拉好拉链，系好腰带、鞋带。

（3）夏日不得穿露肩、露背及过短、过透、过紧、露脐、露腰等服装，如超短裙、超短裤、低腰裤、低胸装、露脐装、迷你裙、背心、吊带衫、透视装、乞丐装等奇异服装。

（4）不穿着印有不健康图案的所谓"文化衫"，不得在衣服上乱涂乱画，不得穿高跟鞋、拖鞋进入教学区。

2. 装扮朴素、淡雅、端庄。

（1）不得佩戴各种饰物（耳环、耳钉、戒指、项链、手链、脚链、墨镜、金属铭牌等）进入校园。

（2）在校学生不能化浓妆（涂抹口红、画眉、画眼线、粘眼睫毛等），经常保持指甲干净，不留过长指甲，不涂指甲油，不文身、绘身，不粘文身贴等。

（三）学生胸卡使用要求

1. 学生胸卡是我校学生的身份证明和标识，由学生工作处进行日常检查、管理。

2. 学生胸卡可用于区分系（部）、寄宿生、通学生，学生应妥善保管，不得遮挡卡面信息，身份变化后应及时申请更正。

3. 学生胸卡限学生本人佩戴使用，不得涂改、转借或送人，不得冒领。如有损坏、遗失，须及时在学生成长平台申请，由班主任审核，经系（部）同意后到食堂充值处补办。

4. 学生进出校门、宿舍时，应主动接受老师、礼仪服务学生和保安的检查。学生在校期间，除体育课、宿舍内和不宜佩戴胸卡的实践课外，其他时间均须佩戴胸卡。

5. 更正、补领胸卡须交纳工本费。学生顶岗实习离校前，应归还学生胸卡。

第十一节　学生一日常规

依据《江苏省职业学校学生管理规范》和中等职业学校、高等职业学校学生管理相关制度，为了加强学生日常行为习惯的养成教育，规范学生生活、学习、活动行为，形成良好的学风、校风，制定学生一日常规。

一、晨间

1. 寄宿生按相关规定相互召唤准时起床、洗漱、整理内务、关灯、锁门离开宿舍，积极参加早锻炼。

2. 通学生离家时主动与家长打招呼，上学路上注意交通安全，严禁在路途抽烟、玩闹、逗留和损坏绿化等公共设施。

3. 学生进校必须佩戴胸卡，校园内主动接受礼仪督查。参加值日和礼仪服务的学生必须在 7:30 前到岗，上课前完成打扫卫生等准备工作。因事、因病不能上课须及时向班主任请假。

4. 学生一律由南门进校，骑自行车、电动车的同学必须下车推行，沿教学楼南侧划线区域推行至教学楼（实训楼）停车库，并按各系（部）规定区域有序停放。

二、上午

1. 学生上课前必须及时进入相关教室或活动场地，不得随意离开教室、活动场地，上课期间不得在校园内闲逛。如有违反，一律视为旷课。

2. 学生上课必须带齐教科书等学习用品，课间做好上课准备，不迟到、不旷课。

3. 课间操整队、进退场须迅速、整齐、安静，做广播操（跑操）和眼保健操须有力规范。

4. 学生须按规定时间在学生餐厅有序用餐，珍惜粮食，注意卫生。

三、下午

1. 学生须准时进教室午自修或休息，保持教室安静。值日生打扫包干区、教室卫生，做好上课准备。

2. 学生应积极参加各类课外文体活动和技能训练，自习课不离开教室，不做与学业无关的事，不影响他人学习。参加各类活动须遵守规则，注意安全。

3. 学生放学时不得提前离开教室，拥堵校门。班主任或班长宣布放学后应及时回家，严禁在外留宿过夜。回家应主动做家务，自觉学习。学生放学一律由南门离校。

四、晚间

1. 寄宿生须按时进教室晚自习，不随意走动，不影响他人学习，不做任何学习以外的事情，不说笑打闹。

2. 寄宿生晚自习结束后须及时回宿舍，不在教室和校园其他区域逗留。值日生关灯、关窗、锁门。

3. 寄宿生须自觉遵守各项相关规章制度，及时洗漱、洗衣，做好入寝准备，不随意串访他人宿舍，严禁向楼道、楼下倒水、丢物。

4. 寄宿生须准时熄灯就寝，不做任何影响睡眠的活动。

五、通则

1. 课堂学习：

（1）上课预备铃响，学生必须迅速进入教室或其他规定场所静候老师。上课迟到，须主动说明缘由，经老师允许方可进入教室。

（2）学生必须服装整洁，不得穿背心、拖鞋上课。上课期间必须精神饱满，坐姿端正，尊敬老师，认真听讲，积极思考，起立答问，按时完成作业。

（3）学生上课时必须保持肃静，不得随意走动，不得喧哗，不得看与上课无关的书报杂志，严禁吸烟、玩牌等。上课前须将手机关闭或调至静音后放到教室前面的手机袋中。凡是在上课时发现手机发出响声的，一经查明将暂扣手机并通报批评。

（4）下课铃响，老师宣布下课，学生起立，师生致礼后，学生方可有序离开教室。

（5）上课、下课基本程序：① 预备铃响，学生必须迅速进入教室或其他规定场所静候老师。②上课铃响，老师站在讲台前说："上课。"班长喊："起立。"学生全体起立，行注目礼。老师说："同学们好。"学生说："老师好。"③下课铃响，老师说："下课。"班长喊："起立。"学生全体起立。老师说："同学们再见。"学生说："老师再见。"老师说："请坐。"

2. 课间活动：

（1）课间值日生应及时擦净黑板，学生适当休息，及时做好下一堂课的上课准备。

（2）课间在楼道内走动轻稳，说话轻柔，不追逐嬉闹，不起哄喧哗。

（3）课间不随意串访其他教室，不在教学区域内玩球，不抛掷废纸、杂物。

（4）爱护教室等校园公共设施，严禁乱涂乱画，禁止在教室等公共区域张贴纸条等，禁止攀爬树木、折损花草。进入篮球场、田径场活动须按规定穿运动鞋。

3. 安全卫生：

（1）寄宿生必须服从学校安排，确定宿舍、床位后，未经同意不得随意更换。宿舍安全、卫生等日常管理由室长负责。

（2）寄宿生必须自觉遵守相关规章制度，按规定出入宿舍区，禁止携带通学生进入宿舍区。家长探视，须经班主任同意并履行登记手续。

（3）寄宿生每周五放学后离校回家，因特殊情况需要住校的，必须经班主任同意并开具住宿单。每周日晚自习前必须到校参加晚自习，到校后不得离校。

（4）学校实行全封闭管理，学生在课间、午间均不得随意离开学校；因特殊情况需要离校时，须通过学生成长平台向班主任请假，并经系（部）审批同意；学生出入校门须出示胸卡并在传达室登记存档。

（5）任何学生在上课期间（上午第一节课至第四节课、下午上课至放学）不得无故进入宿舍区。寄宿生因特殊情况需要进入宿舍区的，必须经班主任和系（部）同意后方可进入。

（6）任何学生不得在校园内流动饮食，不得在教室等教学场所用餐，不得随意丢弃垃圾、杂物，不得践踏、损坏绿地，不得在河道旁玩耍、嬉水。

（7）学校实行学生出勤日报制度，学生迟到、缺勤必须当天说明理由。各班级、系（部）必须及时了解、掌握、反馈学生出勤、交通等情况，加强校纪校规、交通法规等教育。

第十二节　升降国旗仪式规范

依据《中华人民共和国国旗法》《江苏省职业学校学生管理规范》和其他相关规章制度，制定学校升降国旗仪式和广播操规范。

1. 每周一和其他法定时间举行升国旗仪式，其他时间按相关规定分别在上午第一节课前和傍晚放学前升降国旗。

2. 举行升旗仪式时，全体师生准时到达指定位置，面向国旗，脱帽肃立，行注目礼。

3. 升旗仪式程序、串词：

（1）奏运动员进行曲，值班体育老师集合整理队伍。串词：

江苏省昆山第一中等专业学校20××—20××学年度第×学期第×周升旗仪式现在开始，全体立正！

请××部×××主任主持升旗仪式。

（2）系（部）相关主任主持升旗仪式。串词：

在这静谧而清新的早晨，我们举行庄严的升旗仪式。

面对即将升起的五星红旗，我们心潮起伏、热血沸腾。

在这庄严的时刻，我们向国旗致以崇高的敬礼！

请全体肃立，升国旗，奏国歌，行注目礼！

礼毕，本周国旗下讲话的是×××，我们以热烈的掌声欢迎×××讲话。

谢谢×××，本周升旗仪式至此结束！

（3）值班体育老师指挥各系（部）班级依次退场，奏运动员进行曲。串词：

全体立正！请老师队伍先退场，各系（部）依次跑步退场。

4. 升旗仪式区域安排：

升旗仪式时，分智能制造系、经贸管理系、综合基础部三个方阵，全部在田径场上由南向北依次排列。各系（部）班级按年级、学历由高到低顺序依次排列。各班级按前列女生、后列男生，前矮个子、后高个子的顺序，成一路纵队依次排列。班主任、体育课代表均站在班级队伍前方。

5. 进场、退场顺序：

各系（部）班级须在经过教学楼西侧道路前整理好队伍，由各系（部）旗引导，依次成一路纵队迅速到达指定位置。退场时依进场时相反班级顺序由各系（部）旗引导至教学楼西侧道路后解散。

6. 国旗手、校旗手、系旗手：

国旗手、校旗手分别以智能制造系、经贸管理系、综合基础部为序，每月由相关班级学生轮值担任，并接受相关培训。举行升国旗仪式时，校旗手掌校旗于司令台前；系旗手则在升国旗仪式和广播操时均须掌各自系（部）旗于各系（部）方阵前。

7. 国旗下讲话：

每月安排一名校级领导，其他老师和学生代表由各轮值系（部）确定。讲话主题可根据学校当前工作确定，讲话稿提前一周交学生工作处存档。

第十三节 "五好学生""优秀学生干部""星级学生""先进班集体"等评优奖励办法

一、五好学生（班级推荐不超过20%）

1. 思想品德好。
（1）热爱祖国，热爱人民，热爱中国共产党，思想进步，品德高尚。
（2）热爱学校，关心集体，积极参加各项活动，有强烈的集体荣誉感。
（3）尊敬师长，团结同学，谦虚朴实，文明礼貌。
（4）遵守学校各项规章制度，遵守社会公德，是非观念强，敢于抵制各种不良现象。
（5）劳动观念强，积极参加生产、实习，主动参加公益劳动。

2. 学业技能好。
（1）学习目的明确、态度端正，专业思想稳固。
（2）学习认真刻苦、主动自觉，上课专心听讲，课后认真复习，无旷课现象。
（3）能较好地掌握各门课程基础知识，各科学期总评成绩均在80分以上。在市级或市级以上学习、技能比赛中获得前三名，为学校争得荣誉者，各科总评成绩可放宽到70分以上。
（4）认真完成实习、生产任务，较好地掌握专业技术技能，实习课程成绩达到75分以上。

3. 身体素质好。
（1）坚持锻炼身体，认真上好体育课、课间操，积极参加各项课外体育活动。
（2）爱清洁，讲卫生，身体健康，学期病假累计不超过3天。
（3）达到"国家体育锻炼标准"，体育课成绩在75分以上（特殊体质学生除外）。

4. 审美陶冶好。
（1）积极参加社团活动和各类艺术实践活动。
（2）对美有正确理解，具有善于欣赏现实美和艺术美的知识与能力，有对于美和艺术的爱好。

5. 劳动素养好。
（1）积极参加学校组织的各类劳动实践活动。
（2）有良好的劳动习惯，在家做一些力所能及的家务。
（3）有良好的卫生习惯，自觉维护校园内的环境卫生。

6. 学生综合素质评价等次为优秀。

学生综合素质考核列班级前十位，学期操行评定为"优"，学期量化扣分低于5分。

二、优秀学生干部（班级推荐不超过30%）

1. 思想品德标准与"五好学生"相同。学生综合素质考核列班级前十五位，学期操行评定为"优"，学期量化扣分低于5分。

2. 对本职工作认真负责，与学校领导和班主任老师密切配合，有较好的工作实效。

3. 有较强的组织能力和正确的工作方法，积极组织、参加学校和班级的各项活动。

4. 能在遵章守纪、努力学习、积极劳动、文明礼貌等方面起到模范带头作用，在同学中有一定威信。

5. 学期各科总评成绩均不低于70分，实习课程成绩不低于70分，体育成绩不低于70分。

三、星级学生（班级推荐不超过20%）

1. 未全面达到"五好学生"标准，但在某一方面表现突出或有显著成绩，并符合基本条件者，可参与单项评优奖励。

2. 星级学生评选基本条件：学生综合素质考核不低于班级平均分，学期操行评定不低于"良好"，学期量化扣分低于10分，一次扣分低于5分。学期各科总评成绩均在及格以上，实习课程成绩不低于65分，体育成绩及格。学期无通报批评以上严重违纪行为。

3. 星级学生类别：品德之星、劳动之星、体育之星、艺术之星、智慧之星。

（1）品德之星：自觉遵守班级、学校各项规章制度和社会公德，文明礼貌、团结同学突出。

（2）劳动之星：热爱劳动，乐于奉献，积极参与各项公益活动，表现突出。

（3）体育之星：在校级体育比赛中获个人前三名，或在集体项目中获前三名的主力队员。在市级或市级以上比赛中获个人前六名，或在集体项目中获前六名的主力队员。在班级、学校各项体育活动中起组织、策划作用，表现突出。

（4）艺术之星：在校级文艺比赛中获个人前三名，或在集体项目中获前三名的主力队员。在市级或市级以上比赛中获个人前六名，或在集体项目中获前六名的主力队员。在班级、学校、社团各项文艺活动中起组织、策划作用，表现突出。

（5）智慧之星：学习目的明确、态度端正，上课认真，学期各科总评成绩均在及格以上，并且进步明显。

四、优秀共青团员（班级推荐不超过团员总数的 20%）

1. 拥护党的领导，热爱祖国，热爱人民，热爱中华民族，热爱社会主义，自觉遵守团的章程，履行团员各项义务，是青年坚定信念的模范。

2. 学习刻苦，成绩良好，学年综合测评总分名列所在班级 30% 以内，学年内未受过任何处分，没有补考课程。

3. 热心帮助群众解决实际困难，积极参与志愿服务等公益活动，是青年奉献社会的模范。

4. 遵纪守法，自觉做社会主义核心价值体系的实践者、雷锋精神的传承者，自觉维护青年合法权益，在急难险重任务面前挺身而出，是青年弘扬新风的模范。

五、优秀共青团干部［系（部）推荐不超过团员总数的 30%］

1. 热爱祖国，坚持四项基本原则，认真贯彻执行党的路线、方针、政策，能出色地完成上级党组织、团组织交给的任务。

2. 加强理论学习，关心时事政治，积极参加学校的各项活动。

3. 热爱团的工作，工作大胆、负责、勤恳、踏实，积极主动，勤于思考，勇于创新，有奉献精神，工作成绩显著，在团员中有较高威信。

4. 坚持原则，顾全大局，尊敬师长，团结同学，关心他人，以身作则，能模范遵守团的纪律和学校各项规章制度。

5. 学习刻苦，成绩良好，未受过任何处分。

六、先进班集体［系（部）推荐不超过 15%］

1. 全班学生均能热爱祖国，热爱人民，热爱中国共产党，思想进步，品德高尚，政治上积极要求上进。

2. 全班学生均能热爱学校，文明礼貌，尊敬师长，互相团结，谦虚朴实，关心集体，有强烈的集体荣誉感。学期班级量化考核成绩位居各系（部）前三位。

3. 全班学生专业思想稳固，学习自觉，学风浓厚，理论学习、生产实习成绩在同年级中较突出或有较大进步。考试无作弊现象，生产实习无重大责任事故。

4. 全班学生均能认真执行《江苏省职业学校学生管理规范》，自觉遵守学校各项规章制度、法律法规和社会公德。学生量化扣分位居各系（部）末三位。无抽烟、赌博等严重违纪和受过纪律处分的学生。

5. 全班学生均能积极参加学校组织的各项活动，出色完成学校交给的各项任务，班级集体活动丰富、有效。广播操、体育课、达标成绩等位居各系（部）前五位。

6. 全班学生均能认真积极劳动，养成良好的卫生习惯，无不良卫生行为现象。

学期卫生检查成绩位居各系（部）前五位。

7. 全班学生均能爱护公物，教室等公共区域无乱涂乱画等污损现象，无严重及故意损坏公物现象发生。

七、五四红旗团支部［系（部）推荐不超过 15%］

1. 团支部班子健全，能充分发挥模范带头作用，具有较强的吸引力、凝聚力和战斗力。与班委会关系融洽，工作上能密切配合，班级团工作开展较好。

2. 团支部工作制度健全，组织生活正常，支部工作能做到有计划、有组织、有检查、有总结。认真做好入党推优和团员教育、发展工作，能按时收缴团费。

3. 学习氛围浓厚，班级补考率低。团干部积极主动带领广大团员参加学校各类文化、科技活动，支部团员在各类文化、技能竞赛中成绩突出。

4. 积极参加学校各类活动。

5. 支部团员无重大违纪事件。

八、评选推荐程序

坚持"公平、公开、公正"的原则，各级"五好学生""优秀学生干部"的推荐应严格按照下列程序执行：

1. 由各班级学生推荐（投票推荐由班长负责，班主任列席并签字）。

2. 任课老师和年级组对各班推荐名单进行评议（由年级组长或教研组长召集）。

3. 由学工处负责全校张榜公示、征集意见（一周以上）。

4. 由学校党政联席会议（校长召集，分管领导、德育和团队干部、年级组长或教研组长等参加）审核并确定名单。

第十四节 学生违纪处理规定

第一部分 总 则

第一条 为了加强校风校纪建设，维护学校正常教育教学和工作生活秩序，为学生健康成长和全面成才创造良好环境，根据《江苏省五年制高等职业教育学生学籍管理暂行规定》和《江苏省职业学校学生管理规范》等相关规章制度，结合学校实际，制定本规定。

第二条 对违纪学生进行纪律处分，将本着惩前毖后、教育帮助和实事求是、客观公正的原则，同时做好受处分学生的思想工作。

第三条 对违纪学生，视其错误性质、情节轻重和认识态度，给予通报批评或下列纪律处分之一：① 警告；② 严重警告；③ 记过；④ 留校察看；⑤ 开除学籍（劝退）。

第四条 通报批评不属于纪律处分，在学校一定范围内公布，不载入学生档案。其他各类纪律处分一律在全校范围内公布并载入学生个人档案。处分一般以一年为期，期满后视其表现，可申请撤销处分。撤销处分后，相关材料从学生个人档案转存至学校文书档案。

第五条 留校察看以一年为期。受留校察看处分的学生在留校察看期间有显著进步表现的，可按期申请解除留校察看；经教育不改的，给予开除学籍处分。毕业班学生一般不给予留校察看处分，确应给予留校察看处分的，留校察看期为半年，不足半年的，给予记过处分，学籍按结业处理。

第六条 违纪学生有下列情形之一，应从重或加重处理：
1. 违纪后拒不承认错误事实，无理取闹、态度恶劣。
2. 对检举人、证人进行威胁恐吓、打击报复。
3. 有意包庇他人违纪行为，或相互串供、隐瞒真相、诽谤诬陷他人。
4. 曾受过处分或屡教不改。
5. 胁迫、诱骗、教唆他人违纪，或在团伙违纪行为中起主要作用。
6. 伙同校外人员违纪。
7. 结伙违纪。
8. 发生对他人的伤害事故后逃避赔偿。

第七条 违纪学生有下列情形之一，可从轻、减轻或免予处分：
1. 主动承认错误，并及时改正。
2. 主动检举、揭发他人违纪行为，并积极协助查处问题。
3. 由于他人胁迫、诱骗而违纪或情节特别轻微。
4. 发生对他人的伤害事故后积极赔偿。

第八条 学生违纪的同时侵犯他人人身权或财产权，应承担相应的民事赔偿责任。

第二部分 违纪行为和处分

第九条 违反法律法规，被公安机关处理，或违反社会公德，经教育不改，给予开除学籍处分。

第十条 成立非法组织，举行非法集会、游行和示威活动，组织煽动罢课、罢餐、静坐、示威，扰乱社会秩序和正常教育教学秩序，对组织者给予开除学籍处分，对参与者给予留校察看处分。

第十一条 违反国家禁令，吸食、注射、携带、藏匿、传送毒品，给予开除学籍处分。

第十二条 违反国家规定，在校园内进行非法传销和宗教活动，给予记过及以上处分。

第十三条 违反国家规定，制作、贩卖、传播淫秽物品，给予记过及以上处分。

第十四条 侮辱、欺骗他人，造谣生事、散播不当言论，妨碍、干扰他人正常工作、学习、生活或个人自由，分别给予下列处分：

1. 侮辱、诽谤、诬告、陷害、威胁他人，或造谣生事、散播不实不当言论，尚未受到刑事处罚者，视其情节，给予严重警告及以上处分；在论坛、微博、微信朋友圈、QQ空间、微信群、QQ群等网络媒体上侮辱、诽谤、诬告、陷害、威胁他人，或造谣生事、转发散播不实不当言论，一同论处。

2. 不服从班主任、任课教师或其他管理人员（含学生会工作人员）的正常管理，给予警告或以上处分；侮辱、诽谤、威胁或推搡、殴打管理人员，给予记过及以上处分。

3. 在课堂或课间大声喧哗、追逐打闹等，妨碍他人学习、休息、生活，给予警告及以上处分。

4. 妨碍他人通信自由，隐匿、毁弃、冒领或私拆他人邮件，给予严重警告及以上处分。

5. 用电话骚扰他人正常生活，或拨打"110""119"等特殊电话恶作剧，给予严重警告及以上处分。

6. 涂改、伪造、转借证件，欺骗他人，包庇违纪，尚未构成刑事犯罪，视其情节给予记过及以上处分。

第十五条 偷窃、敲诈，除赔偿损失外，视其情节，分别给予下列处分：

1. 偷窃：

（1）偷窃财物价值在50元以下者，给予警告处分。

（2）偷窃财物价值在50~99元者，给予严重警告处分。

（3）偷窃财物价值在100~199元者，给予记过处分。

（4）偷窃财物价值在200~499元者，给予留校察看处分。

（5）偷窃财物价值在500元以上者，给予开除学籍处分。

（6）偷窃试题、机密文件、重要资料，或篡改学习成绩、弄虚作假，给予留校察看及以上处分。

2. 敲诈：

（1）索要保护费定性为敲诈行为。有敲诈行为者，不论是否拿到费用，给予记过及以上处分。

（2）敲诈后果严重或多次敲诈，给予留校察看及以上处分。

第十六条 故意损坏集体或他人财物，除赔偿经济损失外，视其情节给予下列处分：

1. 故意损坏财物价值不足 100 元者，给予警告处分。
2. 故意损坏财物价值在 100~199 元者，给予严重警告处分。
3. 故意损坏财物价值在 200~499 元者，给予记过处分。
4. 故意损坏财物价值在 500 元以上者，给予留校察看及以上处分。
5. 情节和后果特别严重者，给予开除学籍处分。

第十七条 违反安全管理规定，给予警告及以上处分；携带管制刀具进校园、在校园内烧火、违规使用大功率电器、违规校内骑车、翻越学校围墙、私自溜出校园，给予严重警告及以上处分；造成安全事故的，给予记过及以上处分。

第十八条 言行举止、着装风格、仪容仪表有损校风，视情节轻重，给予警告及以上处分。

第十九条 打架、斗殴、滋事，视其情节，分别给予下列处分：

1. 滋事（不守秩序，不听劝阻，用语言挑逗他人）：
（1）虽未动手打人，但造成打架后果，给予严重警告处分。
（2）动手打人，未伤他人或致他人轻微伤，给予记过处分。
（3）动手打人，致他人轻伤，给予留校察看处分。
（4）动手打人，致他人重伤，给予开除学籍处分。

2. 策划：
（1）策划他人打架并造成后果，给予留校察看或开除学籍处分。
（2）策划他人打架并造成严重后果，给予开除学籍处分。

3. 打架：
（1）动手打人，未伤他人，给予记过处分。
（2）动手打人，致他人轻伤，给予留校察看处分。
（3）动手打人，致他人重伤，给予开除学籍处分。

4. 其他：
（1）作伪证：
① 目击者故意作伪证，并给调查造成困难，给予严重警告或记过处分。
② 打架、斗殴策划、参与者作伪证加重处分。
（2）提供（持）凶器：
① 未造成后果，给予记过及以上处分。
② 本人参与打架，给予留校察看及以上处分。
③ 本人参与打架并造成后果，给予开除学籍处分。
（3）以劝架为名偏袒一方，致使殴打事态发展，给予严重警告或记过处分。

5. 凡参与打架并使对方受伤，除以上纪律处分外，还应承担相应的经济损失和民事、刑事责任。

第二十条　参与赌博、变相赌博（纸牌类游戏）或提供赌博场所，给予下列处分：

1. 携带或制作赌具但还未使用，给予警告处分；一旦使用，按提供赌场、赌具情况处理。

2. 参与赌博，给予记过或留校察看处分。

3. 多次参与赌博且屡教不改或赌博数额较大、情节严重，给予开除学籍处分。

4. 为赌博者提供赌场、赌具，给予记过处分；同时又参与赌博，给予留校察看或开除学籍处分。

5. 组织、策划聚众赌博，给予留校察看或开除学籍处分。

第二十一条　学生校内外抽烟或喝酒，视其情节给予下列处分：

1. 携带香烟、打火机或酒，给予警告处分。

2. 校外抽烟、喝酒，给予警告及以上处分。

3. 校内抽烟、喝酒，给予严重警告及以上处分。

4. 多次抽烟、喝酒，屡教不改，给予留校察看或开除学籍处分。

注：香烟包含电子烟（烟弹、烟杆）、卷烟、烟斗等。

第二十二条　学校尊重男女同学正当友谊，但不提倡谈恋爱。举止不当，有伤风化者，视其情节给予以下处分：

1. 在公共场所男女牵手、搂抱、接吻，以及发生其他亲密行为，给予警告及以上处分。

2. 未经学校允许，擅入异性宿舍，给予严重警告及以上处分。

3. 男女私自结伴外出、整夜不归，或未经学校同意擅自留宿或借宿异性住处，给予记过及以上处分。

4. 非法同居或未婚先孕，给予男女双方开除学籍处分。

5. 参与、介绍或容留"三陪"活动，或卖淫嫖娼，给予开除学籍处分。

6. 见本宿舍同学留宿异性，不制止、不反映，给予警告处分。

7. 调戏、猥亵妇女，玩弄异性，视情节给予留校察看或开除学籍处分。

第二十三条　经常迟到、无故旷课，按累计学时（迟到2次算旷课1节；旷课1天按6学时计；请假未经学校同意即视为旷课，1天及以内请假由班主任审批，1天以上、1周以内请假需系部审批，1周及以上请假需学校审批）给予相应处分：

1. 无故旷课达6~11学时者，给予警告处分。

2. 无故旷课达12~23学时者，给予严重警告处分。

3. 无故旷课达24~35学时者，给予记过处分。

4. 无故旷课达36~59学时者，给予留校察看处分。

5. 一学期无故旷课达60学时以上或累计旷课达90学时以上者，给予开除学籍处分。

6. 超过学校规定期限未注册而又无正当理由，或未请假离校连续两周未参加学校规定的教学活动，按自动退学处理。

第二十四条 考试作弊，除按相关学籍管理条例处理外，视其情节给予以下相应处分：

1. 扰乱考场秩序，给予记过处分。

2. 作弊（协同作弊），给予留校察看处分。

3. 用先进通信工具及其他器械作弊，给予开除学籍处分。

4. 替他人考试或由他人代考，给予双方开除学籍处分。

5. 在校期间作弊两次，给予开除学籍处分。

6. 对有计划、有预谋的集体作弊行为，给予策划者开除学籍处分，给予参与者留校察看处分。

7. 在重修课程、补考课程考试中作弊，给予开除学籍处分。

8. 在国家级、省级、技能考试和主管部门组织的各类考试中作弊，给予开除学籍处分。

第二十五条 违反学校寄宿生管理制度，造成不良后果，视其情节给予下列处分：

1. 不服从管理人员正常管理，给予警告及以上处分；无理刁难、谩骂、殴打管理人员，给予记过及以上处分。

2. 破坏正常管理和学习生活秩序，给予警告及以上处分；故意破坏公用设施，给予严重警告及以上处分。

3. 擅自留宿外来人员，或未经学校同意擅自住进宿舍，给予记过及以上处分。

4. 未经允许在校外租房居住、夜不归宿，给予记过处分；情节严重，给予留校察看处分。

5. 违反安全管理规定，给予警告或严重警告处分；情节严重，给予记过及以上处分。

6. 不服从调配或擅自调整床位、占用床位，给予严重警告处分；情节严重，给予记过及以上处分。

第二十六条 顶岗实习学生有下列情形之一，情节较轻的，给予警告或严重警告处分；情节较重的，给予记过或留校察看处分；情节严重的，给予开除学籍处分。

1. 制作、使用假证明、假证件、假证书等假材料，或者涂改学业成绩。

2. 谎报虚假情况欺骗用人单位；利用欺骗手段获得就业协议书；欺骗有关单位在就业协议书上签署意见、加盖公章。

3. 威胁、侮辱、谩骂、诬告或者殴打就业工作人员。

4. 捏造事实，造谣、诽谤，侵犯他人荣誉权、隐私权，妨碍其他学生求职择业。

5. 捏造或歪曲事实，造谣、诽谤，损害学校声誉。

第三部分　通报批评

第二十七条　学生违反下列规定，情节较轻，尚不够处分，给予校内或系（部）内通报批评：

1. 无故旷课1天以下。
2. 随意浪费水、电、粮食。
3. 不遵守餐厅秩序，随意插队买饭。
4. 不注重个人品德修养，出言不逊，满口脏话，有损他人人格。
5. 男女交往不得体，有碍观瞻。
6. 在公共场所大声喧哗或高声播放音响，影响他人正常学习、生活，且不听劝告。
7. 随意攀折花草树木。
8. 在教室或其他非餐饮公共场所用餐。
9. 抄袭他人作业或让他人代做作业。
10. 不注意公共卫生，乱涂、乱画、乱贴。
11. 其他违反校纪校规尚不够处分的情况。

第四部分　处理程序和善后工作

第二十八条　学生违反校纪校规，学生所在系（部）及有关部门必须将事实调查清楚，掌握确凿证据和旁证材料：

1. 涉及重大违纪行为，由学生工作处进行调查。
2. 涉及常规管理违纪行为，由学生工作处会同学生所在系（部）进行调查。
3. 涉及公物损坏违纪行为，由相应职能部门会同学生所在系（部）和学生工作处进行调查。
4. 涉及学籍管理和考试违纪行为，由教学管理处会同学生所在系（部）进行调查。
5. 证据和材料包括：① 违纪学生事由经过和检查；② 有关当事人证明材料；③ 系（部）和有关部门联合调查结果；④ 班主任、学生家长意见。

第二十九条　对违纪学生处理时，由学生所在系（部）根据本规定的相应条款提出处理意见，连同调查材料一并上报学生工作处审核。

第三十条　对违纪学生处理，按下列权限规定办理：

1. 通报批评、警告、严重警告、记过处分，由系（部）提出，报学生工作处备案，视情况在系（部）或校内公布。
2. 留校察看、开除学籍处分，由系（部）提出，送学生工作处审核，报校长办公会研究批准，在校内公布。

3. 被开除学籍学生在规定期限离校，相关材料留学校存档。

第三十一条　处分学生应在违纪事实清楚的情况下进行，有处分结论后应告知学生，如有异议，允许本人申辩、申诉和保留意见，学校应及时复查核实，并将审查结论答复本人。

第三十二条　对所受处分有异议的学生，可在接到处分决定通知之日起 5 个工作日内向学校学生申诉委员会提交书面申诉，学校学生申诉委员会在接到书面申诉之日起 10 个工作日内做出复查结论，复查决定一经送达即发生效力。学生在申诉期内未提出申诉的，学校不再受理其逾期提出的申诉。

第三十三条　学生处分决定按审批程序应在学校、系（部）、班级等范围内公布，并通知学生家长。

第五部分　学生违纪处理的实施办法

第三十四条　处分流程：

1. 系（部）（学生工作处）及班主任对学生违纪情况进行调查并对违纪事实情况的相关材料（图片、文字、视频、录音、学生成长平台数据）进行整理。

2. 班主任填写"系（部）学生违纪处理审批表"，联系家长并与家长积极沟通，将"系（部）学生违纪处理审批表"、违纪佐证材料递交系（部）（学生工作处）商议处理决定。

3. 各部门对处分分级处理，记过以下处分由系（部）根据学校有关条例规定提出处理意见、审核、决定，并发文、宣布，同时将处分决定上报校学生工作处备案；记过及以上处分由系（部）根据学校有关条例规定提出处理意见，学生工作处进行审核、决定，系（部）发文、宣布；留校察看以上处分需校长办公会讨论决定，原则上跨系或重大违纪由学生工作处会同系（部）共同处理，并由学生工作处发文、宣布。

4. 班主任填写"学生违纪情况记录表"。表中的"帮教措施"应如实填写，"处理意见"以系（部）（学生工作处）商定为准，"家长签字""系学工处意见""校学工处意见"栏目要求手写并签字。

5. 班主任将学生处分相关材料（包含学生手写说明、相关佐证纸质材料、处分审批表、学生违纪情况记录表、试读申请书）拍照作为附件上传学生成长平台，按流程申报处分。

6. 系（部）或学生工作处根据事实情况及佐证材料生成正式处分文件。

7. 系（部）（学生工作处）及班主任将"学生违纪处分决定告知书"当面告知家长及学生，告知书中所有签名均需本人手写。班主任将"学生违纪处分决定告知书"拍照上传学生成长平台处分审批补充申报端口。

第六部分 处分撤销要求及流程

第三十五条 撤销处分条件：

1. 受到留校察看以下处分（含留校察看处分）。

2. 受处分后表现良好，学习成绩有明显进步。

3. 参加公益（志愿）服务时长达标（通报批评30小时、警告40小时、严重警告50小时、记过60小时、留校察看80小时）且考核合格者。

4. 处分期满，且班主任和两位及以上任课教师同意其递交撤销处分申请，方可提出申请。

5. 自受处分后每月递交一次纸质思想汇报材料。

第三十六条 撤销处分程序（图5-1）：

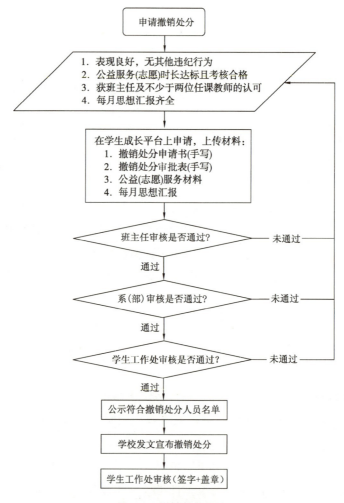

图5-1 撤销处分程序

1. 符合撤销处分条件的学生提出书面申请，并填写"昆山第一中等专业学校受处分学生撤销处分审批表"。

2. 所在班级班主任根据受处分者综合表现情况在全班范围内进行评议，征求任课教师意见。在学生成长平台上由学生本人发起申请，上传相关材料［撤销处分申请书、撤销处分审批表、公益（志愿）服务材料、每月思想汇报］，由班主任、系（部）、学生工作处审核。

3. 学校根据受处分者实际表现提出是否解除处分意见。

4. 学校发文宣布撤销处分结果。

5. 学生工作处审核（签字+盖章）。

第三十七条　撤销处分的其他规定：

1. 受处分后即可申请参加公益（志愿）服务。参与公益（志愿）服务期间每学期缺勤累计次数不得超过3次，否则将暂停其公益（志愿）服务，且当前学期内不再受理参加公益（志愿）服务的申请。

2. 公益（志愿）服务期间如有违纪情节，公益（志愿）服务时长归零；同人受不同处分，按高级别处分核算公益（志愿）服务时长。

3. 撤销处分者若在毕业前再次违纪，一律撤销解除处分决定。

4. 公益（志愿）服务原则上安排在校内，学生经学生成长平台在第二课堂中申请，实习班学生返校参加公益（志愿）服务，须遵守学校仪容仪表等规章制度。

5. 毕业班学生一律在毕业前提出撤销处分申请，逾期不予办理。

6. 学生处分、撤销处分等相关材料应真实完整地归入学生本人档案。

第三十八条　毕业时未被撤销处分，按结业处理，只发结业证，不发毕业证。

第七部分　附　则

第三十九条　受到通报批评、处分的学生，取消当年度评优奖励资格。

第四十条　本规定适用于校内各学历层次学生。

第四十一条　对本规定没有列举的违纪行为，可参照本规定最相类似条款予以处分。

第四十二条　本规定由学生工作处负责解释。

第十五节　教室管理规范

1. 教室是学生上课、自习的重要场所，未经批准不得在教室里开展与教学无关的活动。

2. 学生上课应按时进入课室，不得迟到、早退。

3. 学生上课应服装整洁，坐姿端正，不得穿背心、拖鞋上课。

4. 学生在上课时必须保持肃静，不准随意走动，不得喧哗，不得看与上课无关的书报杂志，严禁吸烟。

5. 上课时须关闭随身携带的手机等，凡是在上课时发现手机发出响声的，一经查明将暂扣并通报批评。

6. 上、下课由班长带领起立向老师致敬，学生提问要先举手，回答问题要起立。

7. 上课（或考试）期间，无关人员不得进入教室。

8. 公用教室、教师休息室及厕所等的日常卫生及管理由后勤服务处负责。各班专用教室的卫生及管理由各使用班级负责，教室内设施如有损坏，须及时报告后勤服务处维修。

9. 学生要自觉维护教室的清洁卫生，不随意吐痰，不乱扔纸屑、杂物等。值日生要擦黑板、讲台，打扫教室卫生，关好门窗、电灯、电扇。

10. 学生要自觉爱护教室内桌椅和教学设备，不随意搬动，不在黑板上、墙上、桌椅上乱画、乱写、乱刻。

11. 若老师上课需要幻灯机、投影机、麦克风、粉笔等，由各班班长负责提前与有关部门联系。

12. 学生自修期间，教室必须保持肃静，以免影响学习。多媒体教室一般不开放自修，如有特殊情况需要使用时，须经各系（部）同意。

13. 教室及教师休息室由学校统一调配安排使用，任何部门未经安排、同意不得使用。

14. 学生必须遵守教室教学秩序，爱护教学设备、设施。如有违反，视情节轻重，给予批评教育或纪律处分；损坏教室设备的，应赔偿损失。

第十六节 关于规范管理学生在校期间携带和使用手机等电子产品的规定

第一条 根据《教育部办公厅关于加强中小学生手机管理工作的通知》（教基厅函〔2021〕3号）和《中华人民共和国未成年人保护法》（2020年修订）的文件要求，学生原则上不得将个人手机带入校园。

第二条 学生确有将手机带入校园需求的，须经学生家长同意、书面提出申请，征得班主任和系（部）同意后，到系（部）签订相关协议。

第三条 对将手机带来学校的学生，每日早读前，将手机交至班主任处，班主任收齐后统一管理，每日放学时领回。

第四条 学生不按规范使用手机造成丢失或损坏的，由学生个人负责。

第五条 除经学校和系（部）批准的教育教学使用外，禁止学生在上学期间使用手机，一经发现，按本规定第九条处理。

第六条 禁止学生在教室为手机等电子产品充电，禁止学生在宿舍私自乱接电源给手机等电子产品充电。为给手机等电子产品充电而引发火灾事故的，赔偿一切损失，并给予相应处分。情节严重的，移交公安机关处理。

第七条 因特殊情况学生急需联系家长或拨打应急电话的，可至教师办公室借用电话，或在报请班主任或任课教师同意后，临时使用手机。家长有紧急事件需联系学生的，可通过班主任转达学生。

第八条 被收缴的手机等电子产品由班主任按班规处理，禁止任何人使用被收缴的手机等电子产品。班主任应及时将情况告知学生家长（监护人），并进行教育。

第九条 对于学生违规携带、使用手机等电子产品的行为，按如下办法进行处理：对初次违反规定，且能配合教职工收缴的学生，可由班主任进行教育。问题处理结束一周后，由本人提出书面申请，经班主任、系（部）同意后，可退还本人。对再次违反规定的学生，系（部）给予口头警告或通报批评，并告知家长，待问题处理结束一个月后，由本人提出书面申请，经班主任提出建议，系（部）同意后，可由家长来校领取，原"家长同意学生携带手机申请"作废。对违反规定且屡教不改的学生，可通知家长到校协助教育处理，提出整改意见，签订书面协议，给予学生纪律处分，并于每学期期末由学生家长到校领取。受处分的学生，在处分期间取消所有评优评先资格。

第十条 在宿舍区违规使用手机等电子产品的，按照相关宿舍管理规定，参照第九条规定进行处理。

第十一条 对于部分态度恶劣、带多部手机（模型机）、不配合手机管理的学生，或者用手机等电子产品散布他人隐私、发表不实不当言论对他人进行人身攻击、造谣、传谣、实施网络诈骗，观看、传播有色情内容的网站、图片、书籍、录像，联系校内外人员组织打架等严重违纪行为的学生，系（部）可通知家长到校协助教育，并视情节给予相应处分。原"家长同意学生携带手机申请"直接一票否决，不再同意其携带手机进入校园。情节较重的，移交公安机关处理。

第十七节 自习课（含早、晚自习）规范

1. 遵守自习课作息时间，不迟到，不早退，中途不随意进出教室，不无故缺席。

2. 各类自习课均在教室内进行，不找任何理由在室内外随意走动。

3. 自习课时，不随意交头接耳，不随便调换位子，不外出买东西及打电话。

4. 负责点名的班干部不虚报、不顶替，如实向值班老师反映出勤和课堂纪律情况。

5. 学生自习课请假，应在课前经班主任或值班老师同意。特殊情况下应在规定时间内返回，并及时向老师汇报。

6. 晚自习期间，不看与学习无关的书刊，不听音乐、下棋、吃零食等，保持教室安静。

7. 值日学生应完成熄灯、关窗、打扫卫生等工作。

8. 寄宿生必须参加晚自习，不无故缺席、迟到、早退。

第十八节 学生医疗就诊管理规范

1. 学生患病到医务室，应出示学生胸卡后就诊。

2. 就诊一般不占用上课时间（特殊情况除外）。除急诊病人由一至两名同学陪同外，非病员一律不得在医务室逗留或闲聊。

3. 患病学生应按先后顺序就诊，服从医务人员管理和安排，不得争先恐后、大声喧哗，不得擅自动用药品和机械。

4. 就诊费用原则上自理。

5. 除急诊外，医务室下班后一般不就诊。

6. 遇到重大疾病，学生应立刻向班主任反映，并到附近的医院就诊。

第十九节 学生考勤日报制度

1. 学生上理论课、实习课、自习课，以及参加各种集会均不得迟到、早退和旷课，实行点名考勤日报制度。

2. 在上课铃响后进入教室或实习室为迟到，下课铃响以前离开教室或实习室为早退，每节课迟到或早退超过 15 分钟计为旷课一节。

3. 上课时间由任课教师考勤，在"班级日志"上填写实到人数并签名，缺勤学生名单由学习委员填写在"班级日志"上。

4. 每天晚上晚自习结束前，各班学习委员将"班务考勤日志"送各系（部），各系（部）对当天出勤情况进行统计，第二天上午 9:00 前报学生工作处。

5. 学生一般不得请事假，如有特殊情况，应由家长写说明，半天以内由班主任批准，一天以上由各系（部）批准，并报学生工作处备案，返校后应办理销假手续。

6. 对无故旷课的学生，班主任和系（部）应及时通知其家长，限期返校上课，并按相关规章制度进行纪律处分。

7. 学生学期考勤情况，于期末填入"学生学籍表"，归入学生档案。

8. 任何缺勤学生都必须书面请假（补假必须在假后到校当天完成），经班主任、系（部）学工主任签字，并及时交学生工作处，方视作履行请假手续。

9. 履行请假手续的学生缺勤不做学生工作处扣分考核；迟至下午上报的，在学生工作处出勤考核项目中扣 0.5 分，迟至第二天上报的扣 1 分，以此类推。

10. 未履行请假手续的学生缺勤一律在学生工作处出勤考核项目中做量化考核。缺勤以天（含节）统计，每人每天（含节）扣 0.1 分，无故旷课扣 0.5 分。

第二十节　卫生包干管理制度

依据《江苏省职业学校学生管理规范》，为了加强对学生个人卫生和学习场所、生活场所、运动场所及校园其他公共场所卫生的管理，形成自觉维护整洁、优美环境的文明习惯和良好风气，充分发挥学生劳动服务活动的作用，建设安全、整洁、文明、优美的学习、工作和生活环境，营造和谐的育人氛围，制定班级卫生管理制度。

1. 实行校园卫生、环境管理系（部）、班级分工包干制度。教室卫生、环境由各班级负责，校园卫生、环境由各系（部）轮值落实相关班级负责。

2. 实行德育巡查、学工处抽查、督查制度。德育巡查人员负责各班级日常卫生、环境检查，进行量化考核。学工处负责各班级、系（部）每周三大扫除检查，进行量化考核。

3. 班级日常卫生要求：坚持每天上午第一节课前、中午休息时、放学后集中打扫教室、走廊，保持地面整洁、桌椅整齐、黑板清洁、室内无垃圾杂物，拖把、扫帚等卫生工具集中放在教室固定位置。卫生间水池、走廊过道由各系（部）落实相关班级负责。

4. 校园环境卫生要求：坚持每天上午第一节课前打扫，保持校园环境卫生整洁，地面无垃圾杂物，绿化区域无杂草。抽查、督查成绩为相关系（部）集体成绩。周三包干区分配：系（部）包干区范围由学工处统一分配。

第二十一节 寄宿生日常行为规范评分细则及违纪处罚规定

一、遵守宿舍秩序

1. 不按时起床、就寝，扣1~3分。
2. 不参加值日或不认真值日，扣3~5分。
3. 进入宿舍高声喧哗，扣1~3分。
4. 在宿舍里打牌（含三国杀），没收牌具，扣1~5分。
5. 熄灯后随意说话，乱打手电、手机，洗澡、洗衣服，扣1~5分。
6. 调换室号、床号，扣1~3分。
7. 乱闯他人宿舍，扣1~3分。
8. 带饭菜、方便面、奶茶、西瓜、辣条、外卖等进入宿舍，扣1~3分。

二、维护宿舍卫生

1. 衣服、鞋袜、被面、床单、枕巾等脏乱不洗，扣1~2分。
2. 随地吐痰，乱扔瓜皮、果壳、废纸、包装袋、饮料瓶等，扣1~5分。
3. 衣物零乱，床铺不整，被子不叠、不按规定摆放，扣1~3分。
4. 未按标准放置毛巾、牙具、餐具、脸盆、水瓶、肥皂、鞋子等物，扣1~3分。
5. 宿舍内随意放课桌、板凳、床头柜等物，扣3~5分。
6. 衣服不拧干晾晒，将湿衣服晾在宿舍内，随地倒水，向栏杆外泼水，扣1~3分。
7. 乱丢杂物，造成下水道、便池堵塞，扣3~5分。
8. 盥洗间水管堵塞而继续使用，造成积溢水，扣3~5分。

三、维护集体安全

1. 不带寄宿生出入证，不出示寄宿生出入证进入宿舍，扣3~5分。
2. 上课、晚自习期间，未经同意随意进入宿舍或留在宿舍里，扣3~8分。
3. 随意带通学生、亲友进入宿舍或留宿，扣5~10分。
4. 带火柴、打火机等点燃器进入宿舍，扣5~10分。
5. 在宿舍抽烟、点蜡烛、燃蚊香、烧纸物，扣5~15分。
6. 私自配房门钥匙或持有他人房门钥匙，扣5~8分。

7. 放寒、暑假，室长离校不交钥匙，扣 5~10 分。

四、爱护公物

1. 损坏公物，除照价赔偿外，扣 3~8 分。
2. 用脚踢门、踢墙，扣 3~6 分。
3. 当值人员、室长刮风下雨时或离校（节假日）时未关门窗，扣 1~3 分。
4. 当值人员、室长开无人灯、无人电扇，扣 1~3 分。
5. 用水后不及时关闭水龙头，扣 3~6 分。
6. 卫生间马桶水箱漏水不报修，扣 1~3 分。

五、讲文明、讲礼貌、讲道德

1. 不服管理、教育，态度恶劣，扣 3~10 分。
2. 说粗话、脏话，看不健康书籍，听不健康歌曲，扣 3~10 分。
3. 有借无还，敲诈勒索或变相敲诈勒索，扣 5~10 分。
4. 打架、骂人，以大欺小，以强凌弱，扣 5~20 分。
5. 参与赌博或围观赌博，扣 5~20 分。
6. 铺张浪费，在宿舍内搞个人庆祝活动，扣 5~10 分。
7. 积极协助宿管老师开展工作，表现突出，加 3~10 分。
8. 积极、勇于揭露前述各项违纪现象，加 3~10 分。
9. 挺身而出制止各类违纪现象，加 5~10 分。

六、违纪处罚

1. 打架：
所有打架参与者当即由家长带回并予以退宿处理，再按学校其他规章制度进行处理。

2. 抽烟、喝酒、赌博：
抽烟、喝酒、赌博者当即由家长带回并予以退宿，视情节决定是否执行其他处理规定。

3. 旷宿：
无故旷宿者视情节予以退宿处理并报系（部）处分。

4. 休息：
熄灯（21:30）后，不准讲话、打电话、发短信，不准在洗手间洗衣服，不准私调床位和宿舍，不准窜入他人宿舍。违反 3 次或情节严重者当即由家长带回并予以退宿。更换宿舍可向班主任申请，填写宿舍变更通知单（班主任群有共享电子档）并交安保处签字。

5. 卫生：

（1）不准在宿舍内吃方便面，多次违纪者给予退宿处理。

（2）每天整理好自己的内务，分数连续超过 3 天或 2 周内多于 5 天低于 16 分者，给予走读 1 周至 1 个月处分，情节严重则取消住宿资格。

（3）值星未能按标准完成者，予以扣分处理并延期值星直至达到要求，拒绝值星者取消住宿资格。

（4）周三下午大扫除，安排 3 位住宿学生回本宿舍打扫，拒绝打扫或在大扫除期间在宿舍内做无关事项（如打牌）将通报系（部）并处分。

6. 损坏公物：

损坏公物照价赔偿（宿管室内贴有物品价目表），再视情节决定是否执行其他处理规定。

7. 寄宿生每天 7:30 前离开宿舍（值星者 7:45），11:55 方可回宿舍；13:00 前必须离开宿舍，下午第三节课后可回宿舍休息；18:00 前离开宿舍，20:30 前必须回宿舍。其他时间进出宿舍，须有班主任签字或打电话和宿管联系，违章将予以扣 3~10 分处理，情节严重将做退宿处理。

七、备注

1. 各项成绩纳入班级管理、班主任管理量化考核之中。
2. 各项违纪现象不能确定行为人时，视实际情况等扣宿舍集体分。
3. 个人一次扣 5 分以上，通报批评，并视实际情况考虑取消住宿资格或给予相应的处分。

第二十二节 学生宿舍环境卫生检查考核细则

1. 地面（包括门口走廊）：满分 4 分。

标准：无纸屑、杂物，无积水，无死角；宿舍公约、卫生值日表、寄宿生安排表明确、完整，张贴于室内公告栏处。

扣分：每一项未达标扣 1 分。

2. 墙壁、天棚：满分 1 分。

标准：无蜘蛛网，无污痕（包括碎纸）。

扣分：未达标扣 1 分。

3. 门窗玻璃：满分 2 分。

标准：无灰尘，无污痕。

扣分：每一项未达标扣 1 分。

4. 脸盆架上物品摆设：满分 5 分。

标准：

（1）毛巾纵对折，折痕向外，按床号顺序挂在毛巾杆上。

（2）茶缸按床号顺序成一字形摆放在脸盆架最上方；从内向外，依次为洗发水、茶缸、肥皂盒。

（3）脸盆按床号顺序摆放在脸盆架上，饭盆放入各自的脸盆里。

（4）水瓶按床号顺序成一字形沿墙壁排放在脸盆架前方（或指定地方）。

（5）脸盆架一律在水池对面紧靠墙置放。

扣分：每一项未达标扣 1 分。

5. 鞋子：满分 2 分。

标准：所有鞋子都要干净、成直线、头朝外，整齐放在床下。

扣分：每一项未达标扣 1 分。

6. 床上物品：满分 2 分。

标准：

（1）所有被子折叠方正，保持清洁，整齐放在床的南头；枕头、枕巾保持干净整齐，放在被子上面；床上除被子、枕头、枕巾外无其他物品。

（2）床单干净、平展；蚊帐干净、平展，白天应挂起。

（3）空床上只能整齐摆放箱子，不得放置其他个人物品。

扣分：每一项未达标扣 1 分，扣完为止。

7. 箱包：满分 1 分。

标准：箱包放于床下箱包柜内（如老生有无法放入的大箱，应将其整齐放在衣柜上方，或整齐放置在空床上）。

扣分：未达标扣 1 分。

8. 其他要求：满分 3 分。

要求：

（1）脏衣服应及时清洗，早自习检查时不得有积存待洗衣服；衣服不得晾在蚊帐架上。

（2）纸篓（2 只，宿舍内、阳台各 1 只，厕所内用垃圾袋）、簸箕、扫帚、衣叉、拖把齐全，有序整齐放置。早自习检查时纸篓、簸箕内无垃圾。

（3）室内除学校提供的用具外，不随意放入课桌、板凳、床头柜等物。

扣分：每一项未达标扣 1 分。

9. 宿舍内发现烟头一个扣 5 分，闻到烟味扣 3 分，发现打火机、拖线板、吹风机、卷发棒等违规物品一件扣 3 分并当场没收（不归还本人，只可由家长来校领取）。

10. 每日上午检查打分，周满分 100 分，考核参照文明宿舍评分规定。

11. 扣分与奖励：

低分宿舍：系（部）给室长及宿舍成员考核扣分。

星级宿舍：系（部）给室长及宿舍成员考核奖励。

第二十三节 宿舍考核细则

一、星级宿舍

1. 连续一周宿舍每日卫生检查分数不低于 18 分，且每日值星分数不低于 4 分，可评为一星级宿舍，宿舍成员每人每周加 5 分。

2. 连续两周宿舍每日卫生检查分数不低于 18 分，且每日值星分数不低于 4 分，可评为二星级宿舍，宿舍成员每人每周加 10 分。

3. 宿舍被评为二星级宿舍后，下一周宿舍每日卫生检查分数不低于 19 分，且每日值星分数不低于 5 分，可评为三星级宿舍，宿舍成员每人每周加 15 分。

4. 宿舍被评为三星级宿舍后，下一周宿舍每日卫生检查分数不低于 19 分，且每日值星分数不低于 5 分，可评为四星级宿舍，宿舍成员每人每周加 20 分。

5. 宿舍被评为四星级宿舍后，下一周宿舍每日卫生检查分数不低于 19 分，且每日值星分数不低于 5 分，可评为五星级宿舍，宿舍成员每人每周加 25 分。

6. 已评上星级的宿舍，当日卫生检查分数如果低于 18 分则降一星，降完为止。

7. 星级宿舍成员出现任何宿舍违纪现象，则取消该宿舍所获全部星级。

8. 宿舍成员人数须在 3 人及以上方可参与星级宿舍评选。

二、低分宿舍

1. 一周宿舍卫生平均分低于 17 分，或一周值星平均分低于 4 分，将被列为本周低分宿舍，宿舍成员每人每周扣 5 分。

2. 连续两周宿舍卫生平均分低于 17 分，或连续两周值星平均分低于 4 分，则下一周全体宿舍成员回家走读一周，宿舍成员每人每周扣 10 分。

3. 一个月内 3 次被列为低分宿舍，或两个月内 4 次被列为低分宿舍，则取消该宿舍全体成员住宿资格，半年以后方可重新申请住宿。

三、值星宿舍

1. 宿管每周日晚上安排相关宿舍开展下周值星，主要负责打扫宿舍走廊和楼梯卫生，为期一周。

2. 值星宿舍每天晚自习结束后开展值星卫生工作，每天早上须留一名宿舍同学在宿舍，根据宿管要求对值星卫生进行整改，到该值星区域卫生检查结束后方可离开。

3. 一周值星平均分低于 4 分，则该宿舍下周继续值星。

第二十四节　班级常规管理量化考核方法

一、考核内容

考核由基础考核、系（部）自选项目考核、学工处考核三部分组成。比重为基础考核 60%，系（部）自选项目考核 20%，学工处考核 20%。

基础考核包含学生出勤、课堂纪律、两操、卫生、晚自习、宿舍管理、行为规范、板报环境、活动竞赛、奖励加分等 10 个项目。

系（部）自选项目考核由各系（部）按照系（部）工作实际出具考核细则，并报学工处备案。

学工处考核由学工处制定考核细则，并每月将考核情况通报各系（部）。

二、基础考核方法

分 10 项进行考核，10 个项目得分相加得班级总分。

考核项目班级得分＝项目权重×（项目名次总数＋1－班级名次）

1. 学生出勤：权重 2。根据学生出勤日报和学工处督查统计计算最后得分。

学生迟到扣 1 分/（人·次），缺勤扣 3 分/（人·天），旷课扣 5 分/[人·天（节）]，以人均扣分拟定评比单位内名次。每周统计平均得分，每月及期末统计周平均分。

2. 课堂纪律：分值 10 分，权重 4。值班人员、教管督查考核。

课堂秩序差扣 0.1 分/（班·次），课堂秩序差影响正常上课扣 0.2 分/（班·次），任课老师向系（部）、学工处上报反映扣 0.5 分/（班·次），重大违纪扣 1 分/（班·次）。

3. 两操：分值 10 分，权重 3。值班人员、学生干部考核。

学生无故迟到、缺席扣 0.1 分/（人·次）；值班人员检查，进退场讲话无队形扣 0.1 分/班，进退场迟缓无秩序扣 0.2 分/班，两操不规范到位等扣 0.3 分/班。

4. 卫生：分值 10 分，权重 3。值班人员、学生干部考核。

教室地面有纸屑、杂物扣 0.1 分/班，教室脏乱扣 0.2 分/班，楼道有纸屑、杂物扣 0.3 分/次，乱扔杂物等扣 0.3 分/（人·次），未组织周三大扫除或未完成任务扣0.3分/班。

5. 晚自习：分值10分，权重4。值班人员、学生干部考核。

出勤：根据各系学生出勤日报和学工处督查，学生迟到扣0.1分/（人·次），缺勤扣0.2分/［人·天（节）］，旷课扣0.5分/［人·天（节）］。

纪律：课堂吵闹扣0.1分/（班·次），课堂吵闹影响正常上课扣0.2分/（班·次），值班学生干部或值班老师向系（部）、学工处上报反映扣0.5分/（班·次），重大违纪扣1分/（班·次）。

6. 宿舍：分值10分，权重4。宿管人员依据相关规章制度考核。

7. 行为规范：权重4。值班人员和其他管理人员依据相关学生管理制度，对学生日常行为进行量化考核，以人均扣分拟定评比单位内名次。

8. 板报环境：权重2。板报原则上每月一期，每月中旬组织老师和学生会干部进行百分制检查打分。值班人员依据前述卫生要求，检查教室环境，在5分以内扣分考核，合计板报、环境两项分数，拟定评比单位内名次。

9. 活动竞赛：权重4。依据相关活动竞赛规则，拟定评比单位内名次。

10. 奖励加分：权重4。学生管理常规工作和学校突击性工作任务，依据学生工作处相关通知要求和考核标准，以10、20、30、50分级差，以班级为单位实行奖励加分，以班均加分拟定评比单位内名次。

附录

附录1 中等职业学校德育大纲（2014年修订）

德育对学生健康成长和学校工作具有重要的导向、动力和保证作用。中等职业学校德育要以马克思列宁主义、毛泽东思想、邓小平理论、"三个代表"重要思想、科学发展观为指导，深入贯彻习近平总书记系列重要讲话精神，全面贯彻党的教育方针，紧密联系实现"两个一百年"奋斗目标和中国梦的实际，遵循学生身心发展的特点和规律，按照培育和践行社会主义核心价值观的要求，坚持以人为本、德育为先、能力为重、全面发展，努力培养德智体美全面发展的社会主义建设者和接班人。

本大纲规定了国家对中等职业学校德育工作和学生德育的基本要求，是中等职业学校开展德育工作的基本规范，是各级教育部门对中等职业学校德育工作实行科学管理和督导评估的基本标准，也是社会和家庭紧密配合学校对学生进行教育的基本依据。

一、德育目标

中等职业学校德育目标：把学生培养成为爱党爱国、拥有梦想、遵纪守法、具有良好道德品质和文明行为习惯的社会主义合格公民，成为敬业爱岗、诚信友善，具有社会责任感、创新精神和实践能力的高素质劳动者和技术技能人才，成为中国特色社会主义事业的合格建设者和可靠接班人。

具体要求如下：

1. 树立实现中国梦的远大理想，牢固树立中国特色社会主义道路自信、理论自信、制度自信，热爱祖国，热爱人民，热爱中国共产党，拥护党的领导。

2. 培育和践行社会主义核心价值观，勤学、修德、明辨、笃实，使社会主义核心价值观成为自己的基本遵循，内化于心，外化于行。养成科学的思想方法。

3. 养成良好的法治意识和文明行为习惯，提高道德素质和法律素质，增强公民意识，依法办事，待人友善。

4. 树立正确的职业观和职业理想，提高综合职业素质和能力，热爱劳动，崇尚实践，奉献社会。

5. 养成自尊、自信、自强、乐群的心理品质，提高心理健康水平和职业心理素质，人格健全，乐观向上。

6. 树立安全意识、环保意识、节俭意识、廉洁意识，珍爱生命，尊重自然。

二、德育内容

以中国特色社会主义理论体系为统领，科学设置教育教学内容。

（一）理想信念教育

中国特色社会主义和中国梦教育；倡导"富强、民主、文明、和谐、自由、平等、公正、法治、爱国、敬业、诚信、友善"的社会主义核心价值观教育；马克思主义哲学教育；立足岗位、奉献社会的职业理想教育。

（二）中国精神教育

以爱国主义为核心的民族精神教育；以改革创新为核心的时代精神教育；中华优秀传统文化教育；中共党史与国情教育。

（三）道德品行教育

社会公德、职业道德、家庭美德、个人品德教育；学生日常行为规范、文明礼仪教育与训练；生命安全、艾滋病预防、毒品预防、环境保护等专题教育。

（四）法治知识教育

宪法法律基础知识教育；职业纪律和岗位规范教育；校纪校规教育。

（五）职业生涯教育

职业精神教育；就业创业准备教育；终身学习和职业生涯可持续发展教育。

（六）心理健康教育

心理健康基本知识和方法教育；青春期心理健康教育；职业心理素质教育；心理咨询、辅导和援助。

除以上各系列教育内容外，学校还要根据国家形势发展需要进行时事政策教育。

三、德育原则

中等职业学校德育要遵循以下基本原则：

1. 方向性和时代性相结合原则。要坚持正确的政治方向和育人导向，紧密结合社会需要和时代发展的要求，增强针对性和实效性。

2. 贴近实际、贴近生活、贴近学生原则。要遵循思想道德教育的普遍规律，尊重学生自我教育的主体性，适应学生身心成长的特点，开展富有成效的教育和引导活动，提高吸引力和感染力。

3. 知行统一原则。要重视知识传授、观念树立，重视情感体验和行为养成，引导学生形成知行统一、言行一致的优良品质。

4. 教育与管理相结合原则。要进行深入细致的思想教育，同时要加强科学、严格的管理，增强学生接受教育的主动性，实现教育与自我教育、自律与他律、激励与约束有机结合。

5. 解决思想问题与解决实际问题相结合原则。既要做到以理服人、以情感人，又要切实帮助学生解决学习、生活中遇到的实际困难和问题，增强教育的实际效果。

四、德育途径

学校要充分发挥主导作用，与家庭、社会密切配合，拓宽德育途径，实现全员、全程、全方位育人。

（一）课程教学

德育课是各专业学生必修的公共基础课，是学校德育的主渠道。德育课教学应充分体现社会主义教育的方向和本质要求，充分反映马克思主义中国化的最新成果，全面反映中国特色社会主义理论体系的基本内容、社会主义核心价值观的基本要求。要紧密联系实际，坚持以价值观教育引领知识教育，改进教育教学方法，注重实践教育、体验教育、养成教育，做到知识学习、情感培养和行为养成相统一，切实增强针对性、实效性和时代感。

其他公共基础课和专业技能课等课程教学要结合课程特点，充分挖掘德育因素，有机渗透德育内容，结合专业特点和岗位工作要求，寓德育于教学内容和教学过程之中。

（二）实训实习

实训实习是学校教育教学的基本环节。学校要结合实训实习的特点和内容，抓住中职学生与社会实际、生产实际、岗位实际及一线劳动者密切接触的时机，进行以敬业爱岗、诚实守信为重点的职业道德教育，进行职业纪律和安全生产教育，培养学生爱劳动、爱劳动人民的情感，增强学生讲安全、守纪律、重质量、求效率的意识。学校和企业要共同组织开展实训实习期间的德育工作，学校要安排专人负责实训实习期间的教学管理和德育工作。学生要撰写实习日记和实习报告。

（三）学校管理

班级是学校德育工作的基层单位，班主任是组织班级管理和德育的直接实施者。班主任应结合专业特点和学生实际，充分利用家长、用人单位、行业及社区等资源，开展学生思想教育、班级管理、班级活动组织、职业指导、沟通协调工作，发挥学生的主动性、创造性，培养良好的班风学风。

学校要加强党组织、共青团工作，举办业余党校、团校，组织学生特别是入党、入团积极分子学习党的基本理论、基本知识及团的基本知识，发展符合条件的优秀学生入党、入团。充分发挥团组织团结青年、组织青年、引导青年、服务青年和维护青少年合法权益的职能。要加强学生会和学生社团的管理与服务工作，指导建立各类社团和课外兴趣小组，积极开展各种有益学生身心健康的活动，充分发挥学生自我服务、自我管理、自我教育的作用。

学校各项管理和服务工作都要发挥德育功能，促进学生良好行为习惯的养成。学校要按照有关法律法规，建立健全学校班级管理、课堂教学、实训实习、社团活动、校园安全、后勤服务、突发事件应急等管理制度并严格执行。要强化全员育人理念，充分调动全体教职工言传身教、教书育人的自觉性，以良好的思想政治素质和道德风范影响教育学生。

（四）校园文化

校园文化具有重要的育人功能。学校要凝练具有职教特色的办学理念和学校精神，建设体现学校特色的校园文化，形成优良的校风、教风和学风。要结合开学及毕业典礼、升旗仪式、成人仪式、入党入团仪式以及民族传统节日、重要节庆日、纪念日等，开展礼节礼仪教育，开展特色鲜明的主题教育活动；结合技能竞赛、创新创业创意创效竞赛、"文明风采"竞赛等开展丰富多彩的校园文化活动。要积极推进优秀企业文化进校园，通过宣传学习行业劳动模范、学校优秀毕业生事迹等，培养学生职业兴趣和职业精神，增强就业创业信心。培育和弘扬劳动光荣、技能宝贵、创造伟大的时代风尚。

要加强互联网等新媒体的建设与管理，优化校园网络环境，建设校园网络宣传队伍，加强正面信息的网络传播，杜绝不良信息在校园网上传播，重点加强对校园网公告栏、留言板、贴吧等交互栏目的管理，发挥社交网站、微博、微信等对学生的教育引导作用。要培养学生良好的网络道德，帮助学生做到文明上网、依法上网，及时发现并主动帮助网络成瘾学生。

（五）志愿服务

志愿服务是德育的重要载体。学校要把志愿服务纳入教育计划，要依托各类青少年爱国主义教育基地、科技场馆等课外活动阵地，发挥学生专业技能特长，组织学生深入城乡社区、厂矿企业等，广泛开展各类志愿服务和社会实践活动。要把学雷锋活动和志愿服务结合起来，建立完善志愿服务长效工作机制和活动运行机制，弘扬"奉献、友爱、互助、进步"的志愿精神，推动志愿服务活动广泛深入开展，把志愿服务活动做到社区、做进家庭。大力组织学生向道德模范、劳动模范、最美人物、身边好人等先进典型学习。

（六）职业指导

学校要在职业指导工作中全面渗透德育内容，加强职业意识、职业理想、职业道德和创业教育，引导学生树立正确的择业观，养成良好的职业道德行为，提高就业创业能力。要加强就业服务，提高就业服务的水平和质量。

（七）心理辅导

学校要根据学生生理、心理特点，合理设置心理健康教育内容，针对学生在学习、生活和求职就业等方面可能遇到的心理问题，开展心理辅导或援助，加强人文关怀和心理疏导，培养学生良好的心理素质，促进学生身心健康发展。要配置必要的心理健康教育专业人员以及心理健康教育和服务设施。

（八）家庭和社会

家庭和社会在德育中具有特殊重要作用。学校要通过家长委员会、家长学校、家长接待日、家访等，密切与家长联系，指导和改进家庭教育，促使家长协助配合学校开展德育工作。要特别关心单亲家庭、经济困难家庭、留守儿童家庭、流动人口家庭的子女教育。

教育部门和学校应采取积极措施，充分依靠共青团、妇联、关工委、社区及各种社会团体，并同所在地的党政机关、企事业单位、部队等建立固定联系，发动、协调社会力量支持和参与德育工作，建立完善学校与社会相互协作的社会教育网络。要主动会同有关部门重点加强校园周边环境治理，为学生健康成长创造良好的文化环境、治安环境和社会环境。

五、德育评价

中等职业学校德育评价由学校工作评价和学生品德评定两方面组成。

（一）学校工作评价

各地教育部门应结合本地区教育实际情况，科学制定德育工作评价指标体系，建立健全行业企业、用人单位、学生家长等深度参与的德育评价机制，定期对学校德育工作进行评价。德育工作评价的主要内容包括：工作机构和队伍建设情况、规章制度建设及执行情况、德育课开设情况及课程教学情况、党团组织和学生会工作情况、社会实践活动开展情况、校园文化建设情况、实训实习期间的德育工作情况等。学校实施本大纲的情况应作为考核校长和学校工作的重要依据。

学校要加强对德育课教学质量、其他课程德育渗透、班级德育工作、部门及教职工育人质量的考核评价，把德育工作实绩作为对部门及教职工考核、职务聘任、表彰奖励的重要内容。

评价与创建相结合。通过创建先进学校、文明班级和评选优秀学生、优秀学生干部等活动，形成有效的竞争激励机制。对成绩突出的学校、班级和个人要及时给予表彰奖励。

（二）学生品德评定

要结合学生思想实际和行为表现，对每个学生做出客观公正的品德评定。学校要把学生品德的评定情况作为学生综合素质评价的重要内容，作为学生评优评奖等的重要依据，发挥品德评定对学生成长成才的积极引导作用。学校要结合行业和用人单位对从业者的职业素养要求，在德育方面提出明确要求，制定具体评定办法。对实训实习学生的品德评定应由学校和实训实习单位共同完成。

六、德育实施

（一）组织管理

各地教育部门应有明确的机构负责中等职业学校德育工作。应根据本大纲规定，结合本地区和不同类型学校的实际，制定本大纲实施细则，定期对本大纲的实施情况进行检查。

中等职业学校实行校长负责的德育工作管理体制。学校党组织要发挥政治核心和监督保证作用，支持和协助校长做好德育工作。校长要把德育与其他各项工作结合起来，同部署、同检查、同评估。要有一名校级领导分管德育工作。学校要建立贯彻实施本大纲的岗位责任制及考核奖励办法，明确各部门的育人责任，形成全员、全程、全方位育人格局。

（二）队伍建设

各地教育部门和学校要严格队伍选拔标准，优化队伍结构，制订班主任、德育课教师及其他德育工作者的培养培训规划，切实采取措施解决德育工作者在工作、生活等方面的实际问题，建设一支政治坚定、业务精湛、功能互补的德育工作队伍。要加强班主任队伍建设，选聘好班主任。每班应至少配备一名班主任，可根据需要配备班主任助理。班主任工作计入教师基本工作量，学校绩效工资分配要适当向班主任倾斜，教师高级岗位聘任应向优秀班主任倾斜。要充分发挥学校团组织和团干部在德育工作中的作用。

（三）经费保障

德育经费要列入预算。学校德育经费包括德育教学、管理和学生日常德育活动方面的经费。教学、管理经费包括德育课教学、德育课教师和德育工作者培训、社会考察与调研、有关教研室的业务条件建设和图书资料购置、德育科研等所需经费。日常德育活动经费包括对学生的日常思想道德教育、学生社会实践、大型德育活动以及表彰奖励等所需经费。要把德育活动场所、基地建设和德育设施、设备购置维修纳入学校总体建设规划，并从基本建设费和设备费中给予保证。

（四）德育科研

各地教育部门和学校要把德育研究项目列入科研规划，加强课题研究，定期开展学生思想道德状况和德育工作调研，交流德育工作经验，不断提高研究和实际工作水平。要发挥教育科研机构和学术团体的作用，加强中等职业学校德育研究。各地教育部门和学校应建立和完善德育研究成果的鉴定、奖励、推广机制。

附录 2 中等职业学校学生公约

1. 爱祖国,有梦想。热爱祖国,热爱人民,热爱中国共产党。志存高远,服务人民,奉献社会。

2. 爱学习,有专长。崇尚科学,追求真知;勤学苦练,精益求精;不会就学,不懂就问。

3. 爱劳动,图自强。尊重劳动,勇于创造;艰苦奋斗,勤俭节约;从我做起,脚踏实地。

4. 讲文明,重修养。尊师孝亲,友善待人;诚实守信,言行一致;知错就改,见贤思齐。

5. 遵法纪,守规章。遵守法律,依法做事;遵守校纪,依纪行为;遵守行规,依规行事。

6. 辨美丑,立形象。情趣健康,向善向美;仪容整洁,衣着得体;举止文明,落落大方。

7. 强体魄,保健康。按时作息,坚持锻炼;讲究卫生,保持清洁;珍爱生命,注意安全。

8. 树自信,勇担当。自尊自信,乐观向上;珍惜青春,不怕挫折;敬业乐群,勇担责任。

附录3 中小学生守则（2015年修订版）

1. 爱党爱国爱人民。了解党史国情，珍视国家荣誉，热爱祖国，热爱人民，热爱中国共产党。

2. 好学多问肯钻研。上课专心听讲，积极发表见解，乐于科学探索，养成阅读习惯。

3. 勤劳笃行乐奉献。自己事自己做，主动分担家务，参与劳动实践，热心志愿服务。

4. 明礼守法讲美德。遵守国法校纪，自觉礼让排队，保持公共卫生，爱护公共财物。

5. 孝亲尊师善待人。孝父母敬师长，爱集体助同学，虚心接受批评，学会合作共处。

6. 诚实守信有担当。保持言行一致，不说谎不作弊，借东西及时还，做到知错就改。

7. 自强自律健身心。坚持锻炼身体，乐观开朗向上，不吸烟不喝酒，文明绿色上网。

8. 珍爱生命保安全。红灯停绿灯行，防溺水不玩火，会自护懂求救，坚决远离毒品。

9. 勤俭节约护家园。不比吃喝穿戴，爱惜花草树木，节粮节水节电，低碳环保生活。

附录4　中学生日常行为规范（修订）

一、自尊自爱，注重仪表

1. 维护国家荣誉，尊敬国旗、国徽，会唱国歌，升降国旗、奏唱国歌时要肃立、脱帽、行注目礼，少先队员行队礼。
2. 穿戴整洁、朴素大方，不烫发，不染发，不化妆，不佩戴首饰，男生不留长发，女生不穿高跟鞋。
3. 讲究卫生，养成良好的卫生习惯。不随地吐痰，不乱扔废弃物。
4. 举止文明，不说脏话，不骂人，不打架，不赌博。不涉足未成年人不宜的活动和场所。
5. 情趣健康，不看色情、凶杀、暴力、封建迷信的书刊、音像制品，不听不唱不健康歌曲，不参加迷信活动。
6. 爱惜名誉，拾金不昧，抵制不良诱惑，不做有损人格的事。
7. 注意安全，防火灾、防溺水、防触电、防盗、防中毒等。

二、诚实守信，礼貌待人

8. 平等待人，与人为善。尊重他人的人格、宗教信仰、民族风俗习惯。谦恭礼让，尊老爱幼，帮助残疾人。
9. 尊重教职工，见面行礼或主动问好，回答师长问话要起立，给老师提意见态度要诚恳。
10. 同学之间互相尊重、团结互助、理解宽容、真诚相待、正常交往，不以大欺小，不欺侮同学，不戏弄他人，发生矛盾多做自我批评。
11. 使用礼貌用语，讲话注意场合，态度友善，要讲普通话。接受或递送物品时要起立并用双手。
12. 未经允许不进入他人房间、不动用他人物品、不看他人信件和日记。
13. 不随意打断他人的讲话，不打扰他人学习工作和休息，妨碍他人要道歉。
14. 诚实守信，言行一致，答应他人的事要做到，做不到时表示歉意，借他人钱物要及时归还。不说谎，不骗人，不弄虚作假，知错就改。
15. 上、下课时起立向老师致敬，下课时，请老师先行。

三、遵规守纪，勤奋学习

16. 按时到校，不迟到，不早退，不旷课。

17. 上课专心听讲，勤于思考，积极参加讨论，勇于发表见解。

18. 认真预习、复习，主动学习，按时完成作业，考试不作弊。

19. 积极参加生产劳动和社会实践，积极参加学校组织的其他活动，遵守活动的要求和规定。

20. 认真值日，保持教室、校园整洁优美。不在教室和校园内追逐打闹喧哗，维护学校良好秩序。

21. 爱护校舍和公物，不在黑板、墙壁、课桌、布告栏等处乱涂改刻画。借用公物要按时归还，损坏东西要赔偿。

22. 遵守宿舍和食堂的制度，爱惜粮食，节约水电，服从管理。

23. 正确对待困难和挫折，不自卑，不嫉妒，不偏激，保持心理健康。

四、勤劳俭朴，孝敬父母

24. 生活节俭，不互相攀比，不乱花钱。

25. 学会料理个人生活，自己的衣物用品收放整齐。

26. 生活有规律，按时作息，珍惜时间，合理安排课余生活，坚持锻炼身体。

27. 经常与父母交流生活、学习、思想等情况，尊重父母意见和教导。

28. 外出和到家时，向父母打招呼，未经家长同意，不得在外住宿或留宿他人。

29. 体贴帮助父母长辈，主动承担力所能及的家务劳动，关心照顾兄弟姐妹。

30. 对家长有意见要有礼貌地提出，讲道理，不任性，不耍脾气，不顶撞。

31. 待客热情，起立迎送。不影响邻里正常生活，邻里有困难时主动关心帮助。

五、严于律己，遵守公德

32. 遵守国家法律，不做法律禁止的事。

33. 遵守交通法规，不闯红灯，不违章骑车，过马路走人行横道，不跨越隔离栏。

34. 遵守公共秩序，乘公共交通工具主动购票，给老、幼、病、残、孕及师长让座，不争抢座位。

35. 爱护公用设施、文物古迹，爱护庄稼、花草、树木，爱护有益动物和生态环境。

36. 遵守网络道德和安全规定，不浏览、不制作、不传播不良信息，慎交网友，不进入营业性网吧。

37. 珍爱生命，不吸烟，不喝酒，不滥用药物，拒绝毒品。不参加各种名目的非法组织，不参加非法活动。

38. 公共场所不喧哗，瞻仰烈士陵园等相关场所保持肃穆。

39. 观看演出和比赛，不起哄滋扰，做文明观众。

40. 见义勇为，敢于斗争，对违反社会公德的行为要进行劝阻，发现违法犯罪行为及时报告。

附录5　学生应知应会内容

一、中国梦

中国梦，是中国共产党第十八次全国代表大会召开以来，习近平总书记所提出的重要指导思想和重要执政理念，正式提出于2012年11月29日。习近平总书记把"中国梦"定义为"实现中华民族伟大复兴，就是中华民族近代以来最伟大梦想"，并且表示这个梦"一定能实现"。"中国梦"的核心目标也可以概括为"两个一百年"的目标，也就是：到2021年中国共产党成立100周年和2049年中华人民共和国成立100周年时，逐步并最终顺利实现中华民族的伟大复兴，具体表现是国家富强、民族振兴、人民幸福，实现途径是走中国特色的社会主义道路、坚持中国特色社会主义理论体系、弘扬民族精神、凝聚中国力量，实施手段是政治、经济、文化、社会、生态文明五位一体建设。

二、社会主义核心价值观

社会主义核心价值观：富强、民主、文明、和谐，自由、平等、公正、法治，爱国、敬业、诚信、友善。

三、八礼四仪

江苏省"八礼四仪"中，"八礼"指仪表之礼、仪式之礼、言谈之礼、待人之礼、行走之礼、观赏之礼、游览之礼、餐饮之礼；"四仪"指入学仪式（7岁）、成长仪式（10岁）、青春仪式（14岁）、成人仪式（18岁）。

四、中国学生核心素养

（一）文化基础

文化是人存在的根和魂。文化基础，重在强调能习得人文、科学等各领域的知识和技能，掌握和运用人类优秀智慧成果，涵养内在精神，追求真善美的统一，发展成为有宽厚文化基础、有更高精神追求的人。

1. 人文底蕴：主要是学生在学习、理解、运用人文领域知识和技能等方面所形成的基本能力、情感态度和价值取向。具体包括人文积淀、人文情怀和审美情趣等基本要点。

2. 科学精神：主要是学生在学习、理解、运用科学知识和技能等方面所形成的价值标准、思维方式和行为表现。具体包括理性思维、批判质疑、勇于探究等基本要点。

(二) 自主发展

自主性是人作为主体的根本属性。自主发展，重在强调能有效管理自己的学习和生活，认识和发现自我价值，发掘自身潜力，有效应对复杂多变的环境，成就出彩人生，发展成为有明确人生方向、有生活品质的人。

1. 学会学习：主要是学生在学习意识形成、学习方式方法选择、学习进程评估调控等方面的综合表现。具体包括乐学善学、勤于反思、信息意识等基本要点。

2. 健康生活：主要是学生在认识自我、发展身心、规划人生等方面的综合表现。具体包括珍爱生命、健全人格、自我管理等基本要点。

(三) 社会参与

社会性是人的本质属性。社会参与，重在强调能处理好自我与社会的关系，养成现代公民所必须遵守和履行的道德准则和行为规范，增强社会责任感，提升创新精神和实践能力，促进个人价值实现，推动社会发展进步，发展成为有理想信念、敢于担当的人。

1. 责任担当：主要是学生在处理与社会、国家、国际等关系方面所形成的情感态度、价值取向和行为方式。具体包括社会责任、国家认同、国际理解等基本要点。

2. 实践创新：主要是学生在日常活动、问题解决、适应挑战等方面所形成的实践能力、创新意识和行为表现。具体包括劳动意识、问题解决、技术应用等基本要点。

附录6　江苏省中等职业学校学生学籍管理规定（2011年修订）

第一章　总　则

第一条　为加强中等职业学校学生学籍管理，建立良好的教育教学秩序，维护学生合法权益，推进中等职业教育持续健康发展，根据教育部《中等职业学校学生学籍管理办法》制定本规定。

第二条　本规定适用于实行学历教育的中等职业学校和其他学校开办的中等职业教育班；适用于学年制和学分制学业水平管理的中等职业学校。中等职业学校应当加强学生学籍管理，建立健全学籍管理部门和相关制度，保障基本工作条件，落实管理责任，切实加强学籍管理工作。

第二章　入学与注册

第三条　中等职业学校主要招收初中毕业生或具有同等学力者入学，也可招收普通高中毕业生或具有同等学力者入学。

第四条　学校按省（市、县）教育行政部门有关招生规定录取的新生，须持录取通知书和本人身份证或户口簿，按规定日期到校办理入学手续。因故不能如期报到者，须凭有关证明，向学校提出延期报到（延期一般不得超过两周）的书面申请。未经批准，逾期两周不报到者，取消入学资格。对按省（市、县）有关规定办理入学手续的学生，由学校在开学后到市、县（市、区）有关部门办理注册手续。对按专业大类招收的新生，入学后按专业大类注册，确定专业方向后再按专业方向注册。新生在办理报到、注册手续后取得学籍。

新生注册获得学籍或从外省转入学籍后，江苏省教育厅为该学生编制全省唯一的学籍号①及电子注册号②。① 学籍号为学生在校期间的唯一身份标识码，不随学生学籍的变动而变化。学籍号为一组22位编码：1—8位为学校代码（学校代码由所属组织机构对应的行政区划代码+2位的序号组成），9—12位为该学生的入学年份，13—18位为专业代码（采用教育部2010版专业代码，若修读教育部2000

版专业，则前两位为 0），19—20 位为班级号，21—22 位为班内学生序号。② 电子注册号为学生在校期间的学籍唯一标识，随学生学籍的变动而变化。电子注册号为 26 位编码：1—4 位为该学生的入学年份，5—12 位为学校代码（学校代码由所属组织机构对应的行政区划代码+2 位的序号组成），13—16 位为该学生的毕业年份，17—22 位为专业代码（采用教育部 2010 版专业代码，若修读教育部 2000 版专业，则前两位为 0），23—24 位为班级号，25—26 位为班内学生序号。

第五条　学校应当对取得学籍的学生及时建立学籍档案，基本内容包括：

1. 基本信息。
2. 思想品德评价材料。
3. 公共基础课程和专业技能课程成绩。
4. 享受国家助学金和学费减免的信息。
5. 在校期间的奖惩材料。
6. 毕业生信息登记表。
7. 体检表。

学籍档案由专人管理，学生离校时，由学校归档保存或移交相关部门。

第六条　学校应当将取得学籍的新生基本信息、各年级学生变动情况（包括转入、转出、留级、休学、退学、注销、复学、死亡等）及时输入中等职业学校学生信息管理系统，并按隶属关系报教育主管部门。教育主管部门逐级审核后上报至国家教育行政部门。

学校应在新生报到后三个月内按招生规定对新生入学条件进行复查，对复查不合格者应注销其学籍，并在中等职业学校学生信息管理系统中注明，同时报教育主管部门备案。

第七条　在新生健康复查中，如发现患有传染性疾病或不能坚持正常学习的其他疾病，经学校指定的县级以上医院诊断证明，在短期内可以治愈者，由本人申请、学校批准，可回家休养，保留入学资格一年，暂不取得学籍。下学年开学前，经县级以上医院和学校健康复查确认病愈者，可重新办理入学手续。复查仍不合格和逾期不办理入学手续者取消入学资格。

第八条　新生实行春、秋两季注册，春季注册截止日期为 4 月 20 日（限非应届初中毕业生），秋季注册截止日期为 11 月 20 日。

第九条　每学期开学时，学生应按期到校办理注册手续。因故不能如期注册者，应事先由学生本人与家长（监护人）共同提出书面申请。未经批准，逾期两周不注册者，按自动退学处理。

第十条　外籍或无国籍人员进入中等职业学校就读，应当按照国家留学生管理办法办理就读手续。港、澳、台学生按照国家有关政策办理就读手续。

第十一条　东部、中部和西部联合招生合作办学招收的学生，注册及学籍管理由学生当前就读学校按学校所在省（区、市）有关规定执行，不得重复注册学籍。学生就读学校变更后，应通过学籍异动，将学籍从原就读学校转出，再转入当前就读学校。

学校不得以虚假学生信息注册学生学籍，不得为同一学生以不同类型的高中阶段教育学校身份分别注册学籍，不得以不同类型职业学校身份分别向教育部门和人力资源社会保障部门申报学生学籍。

第三章　学习形式与修业年限

第十二条　学校实施全日制学历教育，主要招收初中毕业生或具有同等学力者，基本学制以3年为主；招收普通高中毕业生或具有同等学力者，基本学制以1年为主。

采用弹性学习形式的学生的修业年限，初中毕业或具有同等学力者，学习时间原则上为3至6年；高中毕业或具有同等学力者，学习时间原则上为1至3年。

第十三条　实行学分制的学生修满规定总学分，且操行评定合格者，经学校批准，可以在基本学制的基础上提前毕业，提前时间一般不超过1年。因休学、留级及少选学分而推迟毕业者，推迟时间一般不超过3年。

第四章　成绩考核

第十四条　成绩考核包括操行和学业两个方面，是确定学生升留级及毕业的依据，并可作为选拔学生干部、评选各类先进、发放奖学金、推荐就业的依据。

第十五条　操行考核主要对学生遵守法律法规、公民道德、中等学校学生守则、中等学校学生日常行为规范、学校的各项规章制度，参加社会实践活动等实际情况进行综合评定。考核成绩按学期记载，归入学生学籍档案。

第十六条　学业考核按教学计划规定的课程进行。采用弹性学习形式的学生公共基础课程的学业水平应当达到国家教育行政部门发布的教学大纲的基本要求，专业技能课程的技能水平应当达到相应专业全日制的教学要求。课程考核分为考试和考查两种。考试课程的评定原则上采用百分制，考查课程的评定一般采用五级分制（优秀、良好、中等、及格、不及格），考核成绩60分（或及格）以上为合格。学生每门课程的考核成绩或学分均应按学期记载，归入本人档案。

第十七条　每学期考试和考查的课程门数，按教学计划规定执行。文化基础课和学科型课程考试总评成绩以期末考核为主，平时考核为辅（原则上按6：4计算；举行期中考试的课程，其成绩原则上按期末5：期中3：平时2计算）。项目型课程考试由学校按照教学计划规定，按项目实施的质量和过程综合评定。平时成绩可根据学生的学习态度和作业、技能、实验、提问、测验等情况综合评定。考查课程的总评成绩，由任课教师根据学生平时的学习态度、学习成绩综合评定。各课程均应重视实践技能和应用能力的考核。

第十八条 体育考核应按课程学习成绩（或考查项目）及课外参加体育锻炼的情况进行综合评定，不合格者应补考。因患有某些疾病或有生理缺陷者，经学校指定的县级以上医疗单位证明和学校教务部门批准，可减少考查项目或免考。

第十九条 单列的实践课、课程综合训练、毕业实习（顶岗实习）和结合专业的生产劳动等均应考核，其办法由学校自定。

第二十条 学生因特殊原因不能参加考核，必须在考核前由本人与家长（监护人）共同提出书面申请，因病不能参加考核，须经县级以上医院证明，并经教务部门批准后缓考。

第二十一条 考核成绩不合格的学生或因事（病）请假经批准缓考的学生，均应在下学期开学前或开学初按学校规定的日期补考。因不合格而补考的学生，成绩达到合格以上者，均按60分（或及格）计，并注明补考字样。试行学分制的学生可得到该课程规定的学分，但学分绩点为1。因缓考而补考的学生，成绩按实际分数记载，其中60分及以上者可取得该课程的相应学分和学分绩点。补考后仍不及格的课程，必须重新补考或重修。学年制的学生第二次补考由学校在毕业前安排。

第二十二条 学生无故缺考（含申请缓考但未获批准）、考核作弊或协同作弊，本次考核成绩以零分计，并视情节轻重，给予批评教育或相应的纪律处分。对确有悔改表现者，本人提出申请，经学校批准，可安排补考。

第二十三条 学生旷课或请假未经批准（含未获准免听），一学期中，一门课旷缺课（含实践课）超过1/3，或缺作业、实验报告1/3者，不得参加该课程的学期考试，该课程学期成绩按零分计，必须补考或重修。

第五章 课程的选修、免修、免听和免试

第二十四条 试行学分制的学校应根据专业人才培养方案制订学分制教学计划，并制定选课指南和试行学分制的实施意见。可以先试行学年学分制，后逐步实行完全学分制。学生选修课程应由教师指导，学分制实施意见中应明确学生申请多选或少选课程（学分）的具体办法。

第二十五条 学校应规定每门课程的学分，凡学生课程考核成绩及格即取得

该课程的学分。为评价课程的学习质量，应采用学分绩点。课程成绩与学分绩点的对应关系原则上按表1所示规定执行。学生学期或学年的学习质量，可以学期或学年平均学分绩点评定。优良级平均学分绩点由各校自行确定。平均学分绩点达到学校规定的优良级标准，且操行合格，可作为申请免听、免修、选读辅修专业的依据。

表 1 课程成绩与学分绩点对应关系

百分制	课程成绩	90~100	80~89	70~79	60~69	60以下
	学分绩点	4~5	3~3.9	2~2.9	1~1.9	0
五级分制	课程成绩	优秀	良好	中等	及格	不及格
	学分绩点	4	3	2	1	0

第二十六条 为鼓励学生创新和发展个性特长，可设立奖励学分。学生取得研究成果或专利，或在省辖市级以上有关部门组织的创新竞赛、技能竞赛等活动中获奖，或在校内创业和素质拓展等活动中成绩显著，学校可按具体情况给予奖励学分。

学生在校期间通过各类技能鉴定或行业认证取得相应的"职业资格证书"，学校应给予相应的学分（实施方案由学校制定报教育主管部门审批后执行）。

第二十七条 对基础好、学习成绩优良、自学能力强的学生，其上一学期平均学分绩点达到学校规定的优良级标准，经本人申请，学校审核，每学期可允许免修或免听1~2门课程，亦可按规定申请多选学1~2门课程。

第二十八条 免听、免修课程应在开课前由学生本人提出申请，经学校教务部门审核同意。单列德育课、实践课、任选课不得申请免听或免修。

第二十九条 学生申请免修课程，须参加学校组织的免修考试（含理论和实践两部分）。考试成绩合格者可取得该门课的学分和相应的学分绩点，成绩达不到标准的不能免修。经学校批准免听的课程，学生应参加该课程的实践教学，完成规定的作业，并参加该课程的考试。

第三十条 学生通过国家组织的自学考试、远程教育考试、社会认可的培训或技能等级考试，其课程标准等于或高于教学计划中相同课程教学要求的，可凭有效的成绩证明，申请免修、免试，经学校审核同意，该课程可以免修、免试，并取得该课程的成绩或相应的学分和学分绩点。

第三十一条 相同教育层次学校的相同专业或相近专业学生，如校际间签订有成绩和学分互认协议，可根据协议，凭有关学校教务部门正式的课程成绩通知单，取得该课程的成绩或相应的学分和学分绩点，并免修、免试。普通高中学生转入中等职业学校，原普通高中已学课程可由转入学校进行学分认定或换算。

第六章　学籍变动与信息变更

第三十二条　学生学籍变动包括转学、转专业、留级、休学、注销、复学及退学。采用弹性学习形式的学生，原则上不予转学、转专业或休学。

第三十三条　学生每学年学完教学计划规定的课程（含实践课程），经考核合格或经补考后合格的课程累计门数大于该学年所学课程总门数三分之二者，准予升级。学生升级后，不及格课程由学校在毕业前安排补考。统计课程门数时，考试、考查课程均列入计算，一门课程分上、下两学期开设的按两门计入总数。

第三十四条　同一学年内经补考后仍不及格的课程累计门数达到该学年所学课程总门数三分之一及以上者，应予留级；连续两学期内经补考后仍不及格的课程累计门数达两学期课程总门数三分之一及以上者，应留入低一年级。学生学年不及格课程虽未达到总门数的三分之一或总学分未低于三分之一，但本人及其家长（监护人）要求留级者，学校应予同意。学生在学校允许的总学习年限内，留级次数不予限制。试行学分制的学校是否实行留级制度由学校自行决定。如实行留级制度，留级标准应以每学年学生所获学分低于该学年累计总学分的三分之一为界。学生留级后，原考核成绩达到 80 分（良好）以上的课程，经本人申请，学校教务部门审核同意后可以免修，未经批准的仍须重修。

第三十五条　凡有下列情况之一的学生，经学校同意，可以转学：

1. 学生家庭居住地址迁移。
2. 留级后或复学时学校无后继班级。
3. 有其他正当理由。

第三十六条　凡有下列情况之一的学生，经学校批准，可以转专业：

1. 学生在某专业领域具有一定专长，转专业后有利于学生的个体发展。
2. 学生因某种疾病或生理缺陷，经学校指定的县级以上医疗单位检查证明，确实不宜在原专业学习，但可在本校其他专业学习。
3. 学生留级后或复学时原专业无后继班级。

第三十七条　学校为适应市场需求，经上级教育主管部门批准，可进行专业调整。

第三十八条　学生转学、转专业，须经本人与家长（监护人）共同向学校提出书面申请，然后按下列规定办理：

1. 省内转学须经转出学校和转入学校同意，报双方学校主管部门和学校所在地教育行政部门备案。
2. 跨省转学和不同类型学校间转学，须经双方学校和学校所在地教育行政部门同意后，报所在市级和省级教育行政部门备案。

3. 学生在校内转专业或在专业大类内转换专业方向，须经学校批准，报教育主管部门备案。

4. 转学、转专业的学生，由转入学校对学生原学习课程情况与转入专业的教学计划进行比较，确定其转入相应年级。对原修课程，学校可视具体情况认可其成绩与相应学分。对缺修课程（试行学分制学校指必修课与限选课），必须补学并取得规定的成绩或学分。

第三十九条　中等职业学校可以接受其他同层次学校的学生转学，转学程序和课程成绩（学分）的认定按第三十八条规定执行。普通高中一年级以上学生转入中等职业学校，限转入二年级第一学期，并应补学一年级的缺修课程。

第四十条　学生转学或转专业应在每学期开学前办理。在中等职业学校学习未满一学期的，不予转学；休学期间不予转学；毕业年级的学生原则上不得转学。

已经享受免学费政策的涉农专业学生原则上不得转入其他专业，特殊情况应当经省级教育行政部门批准。

跨专业大类转专业，原则上在一年级第一学期结束前办理；同一专业大类转专业，原则上在二年级第一学期结束前办理。毕业年级学生不得转专业。

第四十一条　凡有下列情况之一的学生，经学校批准，可准予休学或令其休学，并发给休学证明：

1. 学生因病经学校指定的县级以上医院诊断，须停课治疗，时间超过一学期总课时的三分之一者。

2. 学生因事或因病请假，一学期中累计时间超过学期总课时三分之一者。

3. 学生入学满一年，年满十六周岁，本人与家长（监护人）共同提出申请，经学校批准休学创业者。

第四十二条　学生休学一般以一年为期，休学期满仍不能复学，应办理继续休学手续。休学累计时间一般不得超过三年。因依法服兵役而休学，休学期限与其服役期限相当。

第四十三条　因病休学的学生，应回家休养。休学学生的户口不迁出学校。休学期间，学校对其在外活动不承担管理责任。学生休学期间，不享受在校学生待遇。

第四十四条　学生休学期满后按以下规定办理复学手续：

1. 学生休学期满后，一般应于开学前一个月向学校申请复学，经学校审查批准后，原则上随原专业的下一年级学习，也可根据休学时间和学校实际情况转入后续年级相近专业学习。

2. 因病休学的学生，申请复学时须持县级以上医院的健康证明，并经学校复查，确能坚持正常学习者，方可复学。

第四十五条　学校批准学生休学和复学，应报上级教育行政部门和学校主管部门备案。

学生休学期间暂停享受国家助学金，复学后按规定继续享受。

第四十六条　凡有下列情况之一的学生，经学校批准，可令其退学或准其退学，并通知其家长（监护人）或有关单位：

1. 休学期满后两周内不办理复学手续者。

2. 休学期间，有严重违法乱纪行为者。

3. 在校学习时间（含中断学习时间）超过总学习年限者。

4. 经学校指定县级以上医院确诊，患有精神病、癔症、癫痫、麻风等严重疾病或意外伤残不能坚持学习者。

5. 在校期间，不达晚婚年龄擅自结婚或生育者。

6. 一学期旷课累计超过60课时或在校学习期间旷课累计超过90课时者（旷课一天按6课时计或按实际课时计）。

7. 擅自离校连续两周以上者。

8. 因其他原因，经学校认定必须退学者。

9. 自愿要求退学者。

第四十七条　在办理退学手续时，学校应发给退学证明。在校学满一学年以上且成绩合格的退学学生，学校应发给肄业证书或写实性学习证明。未经学校批准擅自离校者，不发给退学证明、肄业证书或写实性学习证明。退学的学生不得申请复学。退学学生的户口应迁入入学前户籍所在地或父母户籍所在地。

第四十八条　学生非正常死亡，学校应当及时报教育主管部门备案，教育主管部门逐级上报至省级教育行政部门备案。

第四十九条　已注册学生（含注册毕业学生）各项信息修改属于信息变更，主要包括学生姓名、性别、出生日期、家庭住址、身份证号码、户口性质等。对信息变更，应当由学生本人或监护人提供合法身份证明等相关资料，学校修改后及时报教育行政部门备案。

第七章　工学交替与顶岗实习

第五十条　学校应当按照法律法规和国家、省教育行政部门文件规定组织学生顶岗实习。实施工学交替的学校应当制订具体的实施方案，实行跟踪管理，并报教育主管部门备案。

第五十一条　学生顶岗实习和工学交替阶段结束后，应当由企业和学校共同完成学生实习鉴定。学校应当将学生实习单位、岗位、鉴定结果等情况记入学籍档案。

第五十二条 采用弹性学习形式的学生有与所学专业相关工作经历的，学校可以视情况减少顶岗实习时间或免除顶岗实习。

第八章 纪律与考勤 奖励与处分

第五十三条 学生应严格遵守国家的法律法令、公民道德规范、中学生日常行为规范、中等职业学校学生守则和学校的各项规章制度，凡有违反者，视情节轻重，给予批评教育或适当处分。

第五十四条 凡学校规定的教学活动（上课、自习、实验、实习、军训、劳动等）和学校组织的集体活动均应进行考勤。学生因故不能参加，必须事先请假并得到批准。凡未经批准或超假者，均以旷课论处。对旷课学生应令其检查，并根据其旷课时数、情节和认错态度进行批评教育，直至纪律处分。

第五十五条 对德、智、体全面发展或在思想品德、学业成绩、专业技能竞赛、社会工作、体育竞赛、课外活动等方面表现突出的学生，可分别授予"三创优秀学生""优秀学生干部""专业技术操作能手""学习标兵"等荣誉称号，并给予一定奖励（包括物质奖励、学分奖励等），有关奖励的资料和决定应存入本人档案。

对学生的表彰和奖励应当予以公示。

第五十六条 对犯有错误的学生，学校可视情节轻重，给予批评教育或纪律处分。纪律处分分为下列五种：（1）警告；（2）严重警告；（3）记过；（4）留校察看；（5）开除学籍。受上述纪律处分的学生，除开除学籍者外，有显著悔改表现和进步的，可以撤销处分。留校察看以一年为期。受留校察看处分的学生在留校察看期间有显著进步的，留校察看期满可撤销处分；经教育，留校察看期间仍不悔改者，可开除学籍。

第五十七条 对犯错误的学生应加强思想教育和心理疏导，促其认错悔改。必须处理的，要坚持实事求是的原则，慎重而恰当。处理结论要同本人及家长（监护人）见面，允许本人申诉、申辩和保留意见。对学生本人的申诉，学校有责任进行复查并给予答复。

学校应当依法建立学生申诉的程序与机构，受理并处理学生对处分不服提出的申诉。

学生对学校做出的申诉复查答复不服的，可以在收到复查答复之日起15个工作日内，向教育主管部门提出书面申诉。

教育主管部门应当在收到申诉申请之日起30个工作日内做出处理并答复。

第五十八条　对学生的处分决定应存入学生学籍档案，撤销处分后，可将有关材料从学生学籍档案中取出，存入学校的文书档案。学校应将撤销处分的决定书面告知学生本人及其家长（监护人）。

第五十九条　有下列情况之一的学生，学校可给予开除学籍的处分：

1. 反对党的基本路线，组织煽动闹事、扰乱社会秩序、破坏安定团结者。
2. 触犯国家法律，构成刑事犯罪者。
3. 破坏公共财产，偷窃国家、集体和个人财物，造成严重损失和危害者。
4. 打架斗殴、行凶、赌博、偷盗等情节严重者。
5. 品行恶劣、道德败坏且屡教不改者。
6. 违反校纪校规，情节极为严重者。

第六十条　对学生做出开除学籍的处分，必须经过校长办公会议研究决定，并报所属教育行政部门和学校主管部门备案。

第六十一条　受开除学籍的学生不发写实性学习证明。凡被开除学籍的学生，其户口在学校集体户的，均迁回入学前户籍所在地或父母户籍所在地。

第九章　毕业与结业

第六十二条　具有学籍的学生达到以下要求，应准予毕业，并由学校发给经省市教育行政部门或行业主管部门验印的毕业证书：

1. 操行考核合格。
2. 学完教学计划规定的全部课程且考核合格，或修满规定的学分。
3. 顶岗实习或工学交替实习鉴定合格。
4. 原则上应取得相应或相关专业的职业资格证书或技能等级证书。

学生毕业时应对其做全面鉴定，内容包括德、智、体等几方面，即政治态度、思想品德、学习、劳动和健康状况等方面。

第六十三条　在毕业时仍有部分课程（含实践课程）不及格但未达到留级规定，或操行评定不合格（含在校期间受到纪律处分未撤销者），以及在试行学分制的学校未修满规定学分的学生，按结业处理，由学校发给结业证书。

3 年内，学业成绩不合格的结业生可向学校申请返校补考，也可由学校派员或委托学生所在单位人事部门补考（命题和阅卷由学校负责），补考合格可换发毕业证书；操行评定不合格的结业生，由学生所在单位或学生所在地行政组织对其做出操行评定，经学校认定合格后换发毕业证书。毕业时间自换发毕业证书时计算。超过 3 年未取得毕业资格者，不再换发毕业证书。

第六十四条　凡提前毕业或推迟毕业的学生均由学校报省或省辖市教育行政

部门和学校主管部门备案。学生在校期间参加辅修专业学习，学完第二专业主干专业课程 2/3 以上，且考核合格，由学校颁发辅修专业写实性证书。

第六十五条 毕业证书由国家教育行政部门统一格式并监制，省级教育行政部门统一印制，学校颁发。采用弹性学习形式的学生毕业证书应当注明学习形式和修业时间。毕业证书遗失不能补办，由原毕业学校提供学生毕业验印名册和在校期间的有关学籍证明，同时在县级以上报纸上申明作废，由市级以上教育行政部门颁发学历证明书。学历证明书与毕业证书具有同等效力。

第十章 附 则

第六十六条 各级教育行政部门和学校应当运用国家和地方各级中等职业学校学生信息管理系统，及时准确填报、更新学生学籍信息。

第六十七条 本规定自发布之日起执行。原《江苏省中等职业学校学生学籍管理规定（试行）》（苏教职〔2003〕31 号）同时废止。过去已按原学籍管理规定处理的事项，均不再变更。

第六十八条 本规定由江苏省教育厅负责解释或修订。

附录7　江苏联合职业技术学院学生学籍管理规定（试行）

第一章　总　则

第一条　为加强我院五年制高等职业教育学生（以下简称学生）学籍管理，明确学院与办学单位学生学籍管理职能，维护正常的教育教学秩序，保障学生合法权益，确保人才培养质量，根据教育部《普通高等学校学生管理规定》和江苏省教育厅《五年制高等职业教育学生学籍管理暂行规定》，结合学院实际，制定本规定。

第二条　学院实行学生学籍管理工作分级管理制度。学院负责全院学生学籍统筹管理和业务指导工作，办学单位按照学院规定做好本校学生学籍管理日常工作。

第二章　入学与注册

第三条　按国家和省招生规定录取的新生，持学院颁发的录取通知书，按有关要求和规定的期限到被录取的办学单位办理入学手续。因故不能按期入学的，应事先提出书面申请，并附有效证明，向被录取的办学单位请假，假期不得超过两周。未请假或者请假逾期的，除因不可抗力等正当事由以外，视为放弃入学资格。

第四条　办学单位应当在报到时对新生入学资格进行严格审查，审查合格的办理入学手续；审查发现新生的录取通知、考生信息等证明材料与本人实际情况不符，或者有其他违反国家和省招生考试规定情形的，取消入学资格。

第五条　新生可以申请保留入学资格。申请时须说明事由，并提交相关证明材料，由办学单位审核，报学院备案，期限最长一年。保留入学资格期间不具有学籍，不享受在校生待遇。

新生保留入学资格期满前应向办学单位申请入学，经审查合格后，办理入学手续。审查不合格的，取消入学资格；逾期不办理入学手续且未有因不可抗力延迟等正当理由的，视为放弃入学资格。

第六条　新生入学后，办学单位按学院规定编制学号，在学院学生管理信息系统录入学籍信息。学院对录入的学籍信息进行复核，复核合格的给予注册，纳入学院学籍管理。

第七条　学生入学后，办学单位应当在3个月内按照国家和省招生规定进行复查。复查内容主要包括以下方面：

1. 录取手续及程序等是否符合国家和省招生规定。
2. 所获得的录取资格是否真实、合乎相关规定。
3. 本人及身份证明与录取通知、考生档案等是否一致。
4. 身心健康状况是否符合报考专业或者专业类别体检要求，能否保证在校正常学习、生活。
5. 艺术、体育等特殊类型录取学生的专业水平是否符合录取要求。

复查中发现学生存在弄虚作假、徇私舞弊等情形的，确定为复查不合格，应当取消学籍；情节严重的，办学单位应当移交有关部门调查处理。办学单位应当将处理结果及时报学院备案。

复查中发现学生身心状况不适宜在校学习，经办学单位指定的二级甲等以上医院诊断，需要在家休养的，可以按照第五条的规定保留入学资格。

复查的程序和办法，由办学单位规定。

第八条　每学期开学时，学生应当按办学单位规定办理注册手续。不能如期注册的，应当履行暂缓注册手续。未按办学单位规定缴纳学费或者有其他不符合注册条件的，不予注册。

家庭经济困难的学生可以申请助学贷款或者其他形式资助，办理有关手续后注册。

办学单位应当按照国家有关规定为家庭经济困难的学生提供教育救助，完善学生资助体系，保证学生不因家庭经济困难而放弃学业。

第九条　学生升入四年级时，办学单位应当为符合条件的学生申请高等教育学籍注册，并在规定时间内提交学生信息，学院审核无误后，在教育部学籍学历信息管理平台（以下简称学信平台）进行学籍电子注册。

办学单位应组织、指导、督促取得高等教育学籍的学生登录学信平台，确认个人信息，并在规定时间内完成学籍在线验证报告，确保信息的准确性。

第三章　考核与成绩记载

第十条　学院对学生学业实行学分制管理。办学单位应当对跨校修读的给予学分互认。

第十一条　学生应当参加所学专业实施性人才培养方案规定课程的学习，学业考核分为考试和考查两种。成绩评定方式以及考核不合格的课程是否重修或者补考，由办学单位规定。学院也可根据需要，组织统考或校际联考。

第十二条　学生成绩的评定可采取百分制记分，也可采取五级制（优秀、良好、中等、及格、不及格）记分，按学期进行记载。百分制与五级制成绩换算标准：90~100分为优秀，80~89分为良好，70~79分为中等，60~69分为及格，60分以下为不及格。

可以采用学生所取得的累计学分和学分绩点来综合衡量学生的学习情况。课程成绩与学分绩点的对应关系见表1。

表1　课程成绩与学分绩点对应关系

百分制	课程成绩	90~100	80~89	70~79	60~69	60以下
	学分绩点	4~5	3~3.9	2~2.9	1~1.9	0
五级分制	课程成绩	优秀	良好	中等	及格	不及格
	学分绩点	4	3	2	1	0

学分绩点以学生课程成绩为依据，具体计算方法：

某门课程的学分绩点＝该门课程的学分×绩点

平均学分绩点＝所修各门课程学分绩点总和÷所修各门课程学分总和

第十三条　课程总评成绩应结合平时、期中和期末考核综合评定，60分（或及格）及以上的，可取得相应的学分和绩点。课程总评成绩与学分由办学单位归入学生本人档案。

考试课程原则上每学期设3~5门，其总评成绩以平时成绩、期中和期末考试成绩按比例进行计算，各部分所占比例由办学单位根据课程具体情况确定并公布实施，期末考试成绩所占比例一般不得低于40%，平时成绩根据学生出勤、平时作业、课堂互动和测验及其学习态度等情况综合评定。

考查课程的成绩应注重于过程性评价，原则上由任课教师依据该课程平时成绩、期中和期末随堂测试成绩综合评定。实践课程的成绩可参照相应技能考核标准进行评定。岗位实习、毕业设计（论文）的成绩按办学单位具体规定进行评定。鼓励、支持相关专业学生的毕业设计以作品或产品的形式呈现。

第十四条　办学单位应按照《江苏联合职业技术学院五年制高职学生综合素质评价实施方案（试行）》的有关规定，组织对学生德、智、体、美、劳发展的情况按学年进行评价，确定优秀、良好、合格、不合格的等级，评价结果由办学单位归入学生本人档案。

第十五条　学生每学年所修课程或者应修学分数以及升级、留级、降级等要求，由办学单位规定。

第十六条 学生参加技能大赛、创新创业大赛、社会实践等活动以及发表论文、获得专利授权等与专业学习、学业要求相关的经历、成果，可以折算为学分，计入学业成绩。具体办法由办学单位规定。

办学单位应当鼓励、支持和指导学生参加社会实践、创新创业活动，可以建立创新创业档案，设置创新创业学分。

第十七条 课程考核前由任课教师对学生的考试（考查）资格进行审查，并将审查结果报办学单位教务处。学生有下列情形之一的，经教务处批准，可取消其相应课程的考试（考查）资格：

1. 该门课程缺课累计超过人才培养方案规定学时数 1/3 及以上。
2. 该门课程无故缺交平时作业 1/3 及以上。
3. 开设实验、实训的课程，没有完成规定的实验、实训任务。

第十八条 学生因病或其他特殊原因不能参加正常考核，须在考核前由学生向办学单位提出书面申请，病假须持校医务室或二级甲等以上医院证明，经办学单位审核同意后安排缓考。办学单位应安排缓考学生在下一学期开学两周内进行考核。缓考后的总评成绩由平时成绩、卷面成绩等综合评定。擅自缺考者以旷考处理。

第十九条 因参加国家级、省级技能大赛办理缓考的学生，获奖者的专业基础课、专业课的平时成绩原则上按优秀等第或对应的百分制成绩评定，未获奖者的专业基础课、专业课的平时成绩原则上按良好等第或对应的百分制成绩评定。

第二十条 学期课程考核或缓考不及格的，补考或重修时间由办学单位统一安排，补考一般安排在新学期开学后两周内进行。

第二十一条 学生严重违反考核纪律或者作弊的，该课程考核成绩记为无效，并应视其违纪或者作弊情节，给予相应的纪律处分。给予警告、严重警告、记过及留校察看处分的，经教育表现较好，由办学单位批准，可以对该课程给予补考或者重修机会。

第二十二条 学生每学年学完人才培养方案规定的课程，取得不少于学年规定学分 2/3 的，可以升级。统计时，考试、考查课程均列入计算，一门课程分上、下两学期开设的，按其各自学分计入总数。

第二十三条 办学单位应当健全学生学业成绩和学籍档案管理制度，真实、完整地记载、出具学生学业成绩。补考课程的成绩按"及格（补考）或60分（补考）"或"不及格（补考）"记载，重修课程的成绩按实际成绩记载。

办学单位应在每学期开学后六周内将在校生上学期各科成绩、评语等提交至学院学生管理信息系统。

第四章　辅修、免修与重修

第二十四条　学生根据办学单位有关规定，可以申请辅修校内其他专业或者选修其他专业课程；可以申请跨校辅修专业或者修读课程，参加办学单位认可的自学考试、开放式网络课程学习。学生修读的课程成绩（学分），经办学单位审核同意后，予以承认。

第二十五条　学生学习成绩优良、专业学有所长，或通过自学，确已掌握人才培养方案规定的有关课程内容的，可以在该课程开课前一学期，向办学单位提出书面免修申请，经审核同意，参加办学单位组织的免修考试。考试合格者经办学单位批准报学院备案，可以免修，但必须参加该课程实践环节的学习，否则不能取得相应的学分。

第二十六条　学生参加自学考试或远程教育考试，取得与所学专业的课程名称（或内容）相同或相近的单科合格证书，且学分高于或等于办学单位规定的，或通过其他教育形式取得实施性人才培养方案要求的、社会认可的职业技能等级证书，由本人向办学单位申请并提交证书，经审核同意后，可免修该门课程，取得相应学分。

获得全国英语等级考试（PETS）三级合格证书，或高等学校英语应用能力等级考试（PRETCO）的成绩大于或等于 90 分，或大学英语四级考试的成绩大于或等于 425 分的学生，可申请免修公共英语课程，课程成绩认定为 85 分。免修课程须注明"免修"字样，同时认可相应学分。

第二十七条　学生未能升级或转入下一年级时，原已取得学分的课程，经办学单位审核同意，可以免修，认可相应学分。

第二十八条　思想政治理论课、实践课不得申请免修。

第二十九条　体育课原则上不得申请免修。学生因患有某些疾病或有生理缺陷，上体育课确有困难的，可由本人向所在办学单位申请，并提交指定的二级甲等以上医院证明，经办学单位同意，由体育教师确定其参加保健学习与锻炼，或减少考核项目，考核合格的，按 60 分和相应学分记载其成绩。

第三十条　补考不及格的课程必须重修。必修课须重修原课程，选修课可重修原课程，也可在规定范围内另行选修。

毕业班学生因重修课程多，无法跟原班级正常学习的，原则上应留级。

第三十一条　办学单位应当对累计取得的学分数比人才培养方案规定数少 10 个学分及以上的学生，及时给予学业提醒，并通知学生家长（监护人）。不按规定补修学分的，按第四十四条处理。

第五章　休学与复学

第三十二条　学院标准学制为 5 年，最长学习年限原则上为 8 年（含中断学习时间），不含服兵役和创业休学时间。

第三十三条　学生可以分阶段完成学业，除另有规定外，应当在学院规定的最长学习年限（含休学和保留学籍）内完成学业。

第三十四条　学生申请休学或者办学单位认为应当休学的，经办学单位批准，可以休学。学生休学一般以 1 年为期，累计不得超过 2 次，时限不得超过 3 年。

第三十五条　新生和在校学生应征参加中国人民解放军（含中国人民武装警察部队），办学单位为其保留入学资格或者学籍至退役后 2 年。

第三十六条　学生可以在学习期间申请参与社会创业、就业实践、勤工助学等活动。对年满 16 周岁，且已获得人才培养方案规定的课程总学分 60% 以上的学生，需要工学交替、分阶段完成学业的，由学生本人及其家长（监护人）共同提出申请，经办学单位批准并报学院备案，可办理休学手续。

第三十七条　办学单位同意休学后，学生应在一周内办理手续离校。学生休学期间，办学单位为其保留学籍，但不享受在校学习学生待遇。学生保留学籍期间，与其实际所在的部队、单位等组织建立管理关系。办学单位和学院对其在外活动不承担管理责任。

第三十八条　办学单位同意学生办理休学手续的，应发放相关通知书，明确告知同意事项、复学的时间及逾期不办理相应手续的后果等。

第三十九条　学生休学期满前，应当在办学单位规定的期限内提出复学申请，经办学单位复查合格，方可复学。休学时间不足一年的以一年计，提前复学的进入下一年级就读。

第四十条　休学期间有违法乱纪行为的，经所在办学单位认定，取消复学资格和学籍。

第四十一条　退役学生须凭退役证明申请复学，退役时间超过 2 年的不予复学。

第四十二条　学生复学后原则上应转入相应年级原专业学习。复学时原专业无后继班级的，办学单位应根据实际情况，经校长办公会研究同意，并报学院审批后，可转入相应年级同一大类相近专业继续学习。

第六章 转专业与转学

第四十三条 学生转专业与转学按照《江苏联合职业技术学院学生转专业与转学管理办法（试行）》的有关规定执行。

第七章 退 学

第四十四条 学生有下列情形之一，办学单位可予退学处理：
1. 学业成绩未达到办学单位要求或者在学院规定的学习年限内未完成学业的。
2. 休学、保留学籍期满，在办学单位规定期限内未提出复学申请或者申请复学经复查不合格的。
3. 根据办学单位指定医院诊断，患有疾病或者意外伤残不能继续在校学习的。
4. 未经批准连续两周未参加办学单位规定教学活动的。
5. 超过办学单位规定期限未注册而又未履行暂缓注册手续的。
6. 办学单位规定的不能完成学业、应予退学的其他情形。
学生本人申请退学，经办学单位审核同意后，办理退学手续。

第四十五条 学生退学的善后问题，按下列条款办理：
1. 对退学的学生，办学单位须通知其家长（监护人），并出具退学决定书。
2. 办学单位通过各种可用途径联系不上本人及其家长（监护人）的，可通过网络、媒体等手段发布，或向其家中寄发退学决定书。
3. 退学学生应在办学单位规定的期限内办理退学手续离校。
4. 因患病或意外伤残退学的，要求其家长（监护人）负责领回。

第四十六条 退学不属于对学生的处分。办学单位批准学生退学，须经校长办公会研究决定，并报学院备案。

第四十七条 退学学生不得申请复学。

第八章 毕业、结业与肄业

第四十八条 学生在学院规定学习年限内，修完人才培养方案规定课程，成绩合格，达到毕业要求的，经学院审核批准，准予毕业，由学院发给毕业证书。毕业证书发放时间一般安排在每年 6 月。

学生提前修完人才培养方案规定课程，取得毕业所要求的学分，可以申请提前毕业。

第四十九条　学生在学院规定学习年限内，修完人才培养方案规定课程，但未达到毕业要求的，学院可以准予结业，发给结业证书。

第五十条　学生结业且在规定的学习年限内，由本人申请，参加原所在办学单位认可的重修或补考，达到毕业要求可换发毕业证书，毕业时间按发证日期填写。超过学习年限的不予换发毕业证书。

第五十一条　对办理退学手续的学生，在校学习一年及以上，且所学的课程考核合格的，发给肄业证书；在校学习时间少于一年的，只出具学生在校学习成绩单或证明。

第五十二条　学生未办理退学手续擅自离校的，可不发任何证明。

第九章　学业证书管理

第五十三条　办学单位应当严格按照招生时确定的办学类型和学习形式，以及学生招生录取时填报的个人信息，填写、颁发学历证书及其他学业证书。

学生在校期间变更姓名、出生日期等证书须填写的个人信息的，应当有合理、充分的理由，并提供有法定效力的相应证明文件，由办学单位进行审查，经学院审核后，报教育厅审批。

第五十四条　学历证书审核工作由学院和办学单位共同负责，并执行高等教育学籍学历电子注册管理制度。

第五十五条　对完成本专业学业同时辅修其他专业并达到该专业辅修要求的学生，可颁发辅修专业证书。

第五十六条　对违反国家招生规定取得入学资格或者学籍的，办学单位应当取消其学籍，不得发给学历证书；已发的学历证书，办学单位应当及时上报，由学院依法予以撤销。对以作弊、剽窃、抄袭等学术不端行为或者其他不正当手段获得学历证书的，办学单位应当及时上报，由学院依法予以撤销。

被撤销的学历证书已注册的，办学单位应当及时上报，由学院予以注销并报教育行政部门宣布无效。

第五十七条　学历证书遗失或者损坏，经本人申请，办学单位核实，学院可出具相应的证明书。

证明书与原证书具有同等效力。

第十章 学籍档案管理

第五十八条 学院对学生的学籍实行电子化管理，办学单位应当配套建立学生的纸质和电子学籍档案。学生毕业后，办学单位留存毕业生永久性相关纸质和电子档案。

第五十九条 办学单位应当定期填写学籍材料，将学生的课程成绩、评语和学年综合素质评价结果以及休学、复学、转学、转专业、退学、开除等学籍变动情况记入"学籍卡"，并上报学院学生管理信息系统。"学籍卡"填写应做到字迹工整、栏目齐全、照片符合相关要求。

第六十条 对学生的奖励、处理、处分及解除处分，办学单位应当真实完整地归入本校文书档案和学生本人档案。

第六十一条 学生"学籍卡""成绩表""体检表""奖惩决定""毕业生登记表"等纸质学籍档案材料由所在办学单位保管。学生毕业、结业或退学时，由办学单位代表学院转至有关接收单位。

第十一章 附 则

第六十二条 本规定适用于所有办学单位。办学单位应根据本规定进一步制定相应的实施细则，并报学院备案。

办学单位对接受高等学历继续教育的学生、港澳台侨学生、外籍学生的管理，参照本规定执行。

第六十三条 本规定自 2022 年 5 月 6 日起施行。原《江苏联合职业技术学院学生学籍管理规定》（苏联院学〔2017〕27 号）同时废止。办学单位有关文件规定与本规定不一致的，以本规定为准。

第六十四条 本规定由江苏联合职业技术学院负责解释。

附录 8　江苏联合职业技术学院学生日常管理规定（试行）

为促进江苏联合职业技术学院（以下简称学院）各分院和办学点做好学生日常行为管理，规范各分院和办学点（以下简称学校）学生管理制度，现根据《江苏联合职业技术学院学生管理规定》，结合学院实际，制定《江苏联合职业技术学院学生日常管理规定》（以下简称规定）。

第一章　学生安全

第一条　严守法律法规，树立安全意识：严格遵守国家的法律法规和学院、学校的各项规章制度以及安全要求，牢固树立安全第一的思想，认真学习有关安全知识，提高自我防范能力。

第二条　远离危险物品，拒绝不良行为：不私藏刀枪棍棒；不携带易燃易爆等化学危险物品到校；在校期间不吸烟、饮酒；不吸食贩卖毒品；慎重交友，不参与打架斗殴、偷盗、赌博以及敲诈勒索等违法犯罪活动。

第三条　注意饮食安全，预防食物中毒：注意饮食安全卫生，不到学校以外无卫生保证的饮食店就餐和购买外卖食品，不购买无质量保证商店出售的食品与饮料，以防食物中毒。

第四条　增强消防意识，严禁私拉乱接：遵守消防安全管理制度，爱护消防设施，积极配合学校开展消防安全管理工作；在学生宿舍或公共场所不使用明火，不私拉电线，不使用接线板和大功率电器；发现宿舍房间用电方面存在安全隐患，应及时报修，严禁私自拆修。

第五条　辨别网络信息，避免非法传播：禁止在互联网上浏览不健康及反动网站；不利用互联网从事危害国家安全、公共安全及泄露国家机密的犯罪活动；不利用 QQ 群、微信群等自媒体发布和传播不实信息、搬弄是非、制造矛盾。

第六条　注意宿舍防范，遇事及时汇报：防盗窃、防诈骗，出入宿舍房间应随手关门，发现可疑人员进入学生宿舍区应及时向学校相关部门报告。

第七条　谨遵交通规则，一心不得二用：在自行上学、放学、返校、离校途中应自觉遵守交通规则；不乘坐无牌、无证、存在安全隐患的交通工具；个人骑（驾）车上下学应严格遵守交通安全法规，道路上行走、骑车时不使用手机等电子设备。

第八条　防止身体受伤，防护措施适当：进行体育锻炼和参加体育活动要注意做好准备活动；参加对抗性体育活动要遵守比赛规则，采取有效防护措施，防止意外受伤；身体不适时应及时请假，以防病情加重。

第九条　规范实验实训，严守操作流程：进入实验实训场所，必须首先学习相关管理规定，严格遵守安全管理制度，执行规范操作流程，确保自身、他人和财产安全。

第十条　严禁野外游泳，避免溺水事故：严禁私自或与同学结伴到江、河、海、池、湖、塘等水域游泳，以免发生溺水事故。

第二章　仪表礼仪

第十一条　使用礼貌语言，尊重他人习俗：使用"您好、请、谢谢、对不起、再见"等文明用语，不说脏话谎话，不用带侮辱性的绰号称呼别人；尊重少数民族和外国友人的风俗习惯。

第十二条　尊重师长他人，说话用语礼貌：对师长使用敬语，不直呼其名；在校园和公共场所讲普通话；尊重他人，不强迫别人回答不愿意回答的问题，不打听、不泄露别人隐私；语气平和，不争强好胜；耐心倾听，不随意打断别人讲话。

第十三条　与人文明交往，抵制造谣诽谤：进别人房间先敲门，得到应允再进入；用他人的东西，应先征得他人同意，用后及时归还并致谢；上网聊天用语文明，不编发、转发恶意造谣、诽谤的帖子。

第十四条　讲究个人卫生，仪容仪表得体：注意个人卫生，勤换衣服、鞋袜；公共场合着装得体，不穿背心、拖鞋，不脱鞋；不染发，不烫发，男生不留长发；女生不佩戴项链、耳环（钉）、戒指等饰物。

第十五条　公共场所就餐，保持安静整洁：在公共场所就餐时不大声喧哗；不剩饭、不剩菜；保持餐桌、地面整洁；用餐后，主动整理归放餐具。

第十六条　进入人多区域，注意礼让有序：校园内集体行进时有序整队；排队时不拥挤、不插队；上下楼梯靠右行，不推挤他人；进出电梯先下后上，礼让他人。

第十七条　参加集会活动，讲礼遵规守则：参加集体活动提前入场，对号入座；不随意走动，不高声讲话；活动结束有序离场，不拥堵通道、出口；参加集会和升旗仪式，要穿着整齐，排队进入指定位置；升国旗、奏国歌时要面向国旗，原地肃立，脱帽行注目礼；听报告时要认真听讲，在报告开始和结束时要鼓掌；出操时应排好队后按"快、静、齐"要求迅速入场；做操时要动作有力，整齐划一。

第三章 考勤管理

第十八条 按时开学报到，请假手续办妥：学期开学时，学生必须按时到校办理入学手续，因故不能按期入学者，要履行请假手续，并附有效证明，假期不得超过两周。未经请假或请假到期不报到者，新生取消入学资格，老生按自动退学处理。

第十九条 严格考勤制度，重视个人出勤：学校进行的上课、实训、参观、劳动、军训等按人才培养方案规定和学校统一组织安排的各项活动，都应实行考勤。因故不能参加者，必须履行请假手续，并经批准后生效。凡未经请假批准或超过假期者，均以旷课论处。学生考勤情况记入本人成绩册和档案。

第二十条 按时离校返校，有事请假销假：学生节假日期间，必须按规定时间离校和返校。因故提前离校或推迟返校者，必须履行请假与销假手续。擅自提前离校或推迟返校者以旷课计。

第二十一条 日常课时6课，缺课记录考勤：学生考勤，在校上课、实验、自习、劳动、军训、参观、实习等，按每天6课时计算。

第二十二条 避免迟到早退旷课，累计增多事大：凡属考勤时间范围的各项课程和活动，迟到、早退（以上、下课铃声为准）3次作旷课1课时计算；每节课迟到、早退达20分钟以上作旷课1课时计算。

第二十三条 考勤缺课量多，按章进行处分：学生考勤缺课达到规定数量，按《江苏联合职业技术学院学生管理规定》有关条款取消其相应课程的考试资格；学生考勤旷课达到规定数量，按《江苏联合职业技术学院学生管理规定》有关条款给予相应的处分。

第四章 课堂要求

第二十四条 按时进入课堂，缺课必须请假：不迟到、不早退；因故迟到者必须向老师报告，获准后方可入座；因事因病无法上课者应事先按章办理请假手续。

第二十五条 课前做好准备，确保教学顺利：在教室上课时，应提前做好准备，书本、笔等学习用具按规定在桌面摆放；实训课、体育课前根据教学需要，做好各种工具、器材准备。

第二十六条 工学按规着装，安全得体大方：进教室衣着整洁得体；进入实训区上课要按实验室、实训场所的规定统一着装。

第二十七条 妥当处理手机，遵守课堂纪律：上课时应关闭手机等通信工具，或置于振动、静音状态；认真听课，不做与本堂课无关的事；未经老师同意不得擅自在教室走动和出入；遇到因身体不适需要趴伏或离班，须及时向老师汇报。

第二十八条 问候致意老师，尊重老师劳动：注意上课和下课时对待老师的礼节。上课开始应全班起立并向老师问好致意；回答老师提问应起立，回答完毕，待老师示意后坐下继续听讲；下课铃响，应与老师互相道别，待老师同意后方可离开教室。

第二十九条 上课姿态端正，提高学习效率：课堂上坐姿端正，精神饱满，精力集中，勤于思考，认真做好课堂笔记，积极参加课堂活动。

第五章 课外活动

第三十条 积极参加社团，拓展兴趣爱好：学生应积极参加社会实践、志愿服务、勤工助学、文娱体育、科技创新等社团活动，开拓视野，扩大知识领域，培育健康的审美观点和创造能力，发展科学技术、创业创新、文体艺术等方面的兴趣和才能。

第三十一条 创办学生社团，遵守法律法规：学生可以在校内成立、参加学生社团。学生成立社团，应当按学校有关规定提出书面申请，报学校批准并施行登记和年检制度。学生社团应当在宪法、法律、法规和学校管理制度范围内活动，接受学校的领导和管理。学生社团邀请校外组织、人员到校举办讲座等活动，须经学校批准。

第三十二条 协调课内课外，确保有序规范：学生进行课外活动不得影响学校正常的教育教学秩序和生活秩序。学生参加勤工助学活动应当遵守法律、法规以及学校、用工单位的管理制度，履行勤工助学活动的有关协议。

第三十三条 参加社会实践，增长个人才能：学生应积极参加志愿者社会服务和假期专业实践活动，培养热爱劳动和尊重劳动成果的优良品质，培养工匠精神。在学好专业前提下，积极学习其他各种有益技能，充分利用假期进行相关考证。

第三十四条 举行大型活动，依法提前报批：学生举行大型集会等活动，应当按法律程序和有关规定获得批准。对未获批准的，学校有权依法劝阻或制止。课外活动期间，要服从有关人员的管理，要做好充分的思想准备和一定的技能训练，保护自己免受损伤。

第六章 文明食宿

第三十五条 排队购买饭菜，注意用餐礼仪：学生要在规定的时间内用餐，自觉排队购买饭菜；同学之间互相谦让，不拥挤，不插队，不争抢座位，不大声喧哗，不狼吞虎咽。

第三十六条 节约水电粮食，养成节约习惯：注意饮食卫生，节约水电，节约粮食，倡导"光盘行动"。

第三十七条 保持餐位整洁，桌面及时清理：用餐完毕后将剩饭剩菜倒入指定容具内，餐具放至指定位置，保持餐位整洁，服从管理，尊重工友的劳动。

第三十八条 遵守宿舍制度，营造宿舍文化：住宿学生必须严格遵守宿舍管理制度，积极参与宿舍文化建设，爱护公物，努力创造良好的学习生活环境。

第三十九条 遵守作息时间，生活习惯良好：建立良好的生活习惯，遵守作息时间，按时起床、就寝；处理好与舍友的关系，遵守宿舍公约，不得大声喧哗，严控上网时长，周末也不得影响他人学习或休息；离开宿舍要关锁门窗，睡觉时应关门。

第四十条 严格请假制度，不带外人进出：住宿生必须严格执行请假制度，除学校规定的假期外，均应在校住宿；未经许可外来人员不得进入学生宿舍；男生不得进入女生宿舍，女生不得进入男生宿舍。

第四十一条 严禁携带禁品，牢记消防安全：禁止携带任何明火源（打火机、火柴）、易燃易爆物品和管制刀具等进入宿舍区域；不准圈养宠物；不得向楼下乱倒垃圾、污水；不得在宿舍吸烟、点蜡烛、点蚊香等；不得私拉乱接电线；不得使用大功率电器。

第七章 附 则

第四十二条 本规定适用于学院五年一贯制学生。各校可根据规定进一步制定相应的实施细则。

第四十三条 各校根据本规定制定或修改的学生日常管理规定实施细则，须报学院学生管理处备案，并及时向学生公布。

第四十四条 其他未尽事宜，可参照相关法律法规、各分院或办学点的有关制度执行。

第四十五条 本规定由学院学生管理处负责解释，自2017年9月1日起施行。

附录9　学生违纪处分告知书（样张）

江苏省昆山第一中等专业学校

学生违纪处分告知书

　　_____学生及家长：

　　_____因_____，违反了《江苏省昆山第一中等专业学校学生违纪处理规定》_____之规定，学校于_____年_____月_____日作出给予_____同学_____处分的决定。

　　根据《江苏省昆山第一中等专业学校学生违纪处理规定》第三十二条之规定，如果你对处分决定有异议，可以在接到处分决定书起5个工作日内，向学校学生申诉管理委员会提交书面申诉，逾期学校将不再受理。

　　请将"我已阅读并知晓以上内容"抄写在下方横线上。

（家长手写）_____

学生签名_____　家长签名_____　年　月　日

经办人签名_____　年　月　日

注：本通知书一式三份，一份交学生（家长），一份留系（部），一份留学工处。

江苏省昆山第一中等专业学校
_____年_____月_____日

友情提示：1. 处分未撤销不予发放毕业证；2. 处分影响学生升学及当兵政审；3. 处分计入学生个人档案。

附录10 系（部）学生处分审批表（样张）

江苏省昆山第一中等专业学校

系（部）学生处分审批表

学生姓名		所在班级	
违纪情况说明	班主任：		
系（部）处分意见	系（部）：		
学工处意见	学工处：		
备注			

年　月　日

附录11　学工处学生处分审批表（样张）

江苏省昆山第一中等专业学校

学工处学生处分审批表

学生姓名		所在班级		系（部）	
违纪情况说明	\multicolumn{5}{l}{班主任：}
系（部）处分意见	\multicolumn{5}{l}{系（部）：}
学工处意见	\multicolumn{5}{l}{学工处：}
学校意见	\multicolumn{5}{l}{公章：}

年　月　日

附录12 学生违纪情况记录表（样张）

江苏省昆山第一中等专业学校

学生违纪情况记录表

姓名		性别		系（部）	
班级		班主任		日期	

违纪情况记录	 学生： 　　年　月　日
帮教措施	
处理意见	 班主任： 　　年　月　日
家长签字	学生：　　　　　　　　　　　家长： 　　　　　　　　　　　　　　　年　月　日
系学工处意见	 系（部）： 　　年　月　日
校学工处意见	 校学工处： 　　年　月　日
备注	